南方电网能源发展研究院

全球领先企业创新发展报告

（2022年）

南方电网能源发展研究院有限责任公司　编著

图书在版编目（CIP）数据

全球领先企业创新发展报告．2022年/南方电网能源发展研究院有限责任公司编著．—北京：中国电力出版社，2023.4

ISBN 978-7-5198-7753-8

Ⅰ.①全…　Ⅱ.①南…　Ⅲ.①企业创新－研究报告－世界－2022　Ⅳ.①F273.1

中国国家版本馆CIP数据核字（2023）第065715号

出版发行：中国电力出版社
地　　址：北京市东城区北京站西街19号（邮政编码100005）
网　　址：http：//www.cepp.sgcc.com.cn
责任编辑：岳　璐（010-63412339）
责任校对：黄　蓓　马　宁
装帧设计：张俊霞
责任印制：石　雷

印　　刷：北京华联印刷有限公司
版　　次：2023年4月第一版
印　　次：2023年4月北京第一次印刷
开　　本：787毫米×1092毫米　16开本
印　　张：11.25
字　　数：159千字
印　　数：001—800册
定　　价：88.00元

南网能源院年度报告系列

编　委　会

《全球领先企业创新发展报告（2022 年）》

编　写　组

组　　长　李　三

副组长　雷　兵

主笔人　夏振来　徐璐杨　胡　勇　杨　丽　李轩照

参编人员　蔡文璇　祁　辉　彭玮麟　郭钧益　令文君
　　　　　蒋成成　郭学敏　蔡文静　邹儒懿　罗炼铎

前言

PREFACE

在积极稳妥推进碳达峰、碳中和的背景下，我国能源电力行业在加快规划建设新型能源体系、逐步构建新能源占比逐渐提高的新型电力系统的方向上奋力前行。南方电网能源发展研究院以习近平新时代社会主义思想为指导，在南方电网公司党组的正确领导下，立足具有行业影响力的世界一流能源智库，服务国家能源战略、服务能源电力行业、服务经济社会发展的行业智囊定位，围绕能源清洁低碳转型、新型电力系统建设以及企业创新发展等焦点议题，深入开展战略性、基础性、应用性研究，形成一批高质量研究成果，以年度系列专题研究报告形式集结成册，希望为党和政府科学决策、行业变革发展、相关研究人员提供智慧和力量。

创新从根本上决定国家和民族的前途命运，科技创新日益成为国际战略博弈的主要战场。与此同时，绿色低碳发展已成为全球大趋势与时代潮流，对全球经济发展模式提出新挑战。在大国科技竞争、新冠疫情冲击、绿色低碳转型与数字技术融合的时代背景下，全球主要国家均将科技创新作为提升全球竞争力、影响力，克服经济社会发展问题的重要手段，不断推动创新布局向前沿领域集中，加速创新产业化应用。中国以建设创新型国家和科技强国为目标，2022 年全国科技工作会议强调重点抓好十项创新工作，着力强化国家战略科技力量，着力加强基础研究，着力打好关键核心技术攻坚战，着力强化企业创新主体地位，着力加强科技人才队伍建设，着力优化科技创新生态，着力扩大开放合作，提升科技创新整体效能，发挥科技对国家发展和安全的战略支撑作用。

企业作为最活跃的创新主体，是国家创新的生力军，也是转变经济发展模式、推动数字化转型、绿色发展的重要力量。建立以企业为主体的创新体系，将企业打造成为研究开发投入的主体、技术创新活动的主体和创新成果应用的主体，促进各类创新要素向企业集聚，是提升国家创新体系整体效能的重要战略举措。

作为年度系列专题研究报告之一，《全球领先企业创新发展报告（2022年）》持续跟踪全球领先企业创新发展动态，从技术创新、商业模式创新、管理创新等维度，研究在新冠疫情冲击、绿色低碳转型与数字技术融合的时代背景下领先企业的创新动态与实践经验，分析中国创新环境和中国企业创新发展趋势，探索创新驱动战略下国有企业创新发展方向。特别的，今年选取了能源电力企业创新发展趋势作为专题，研究在双碳目标导向下新兴能源技术的加速迭代趋势，为国内企业加速能源电力领域的创新转型提供参考。

本报告由夏振来负责总体策划、质量审核和第 5 章的编写，徐璐杨负责第 3 章的编写，胡勇负责第 4 章的编写，杨丽负责第 2 章的编写，李轩照负责第 1 章的编写。其余编写人员对本报告均有贡献。

本报告在编写过程中得到了浙江大学管理学院郭斌教授、南网碳资产管理（广州）有限公司代姚总经理、中国国际工程咨询公司研究中心申海燕副主任、中国五矿集团科技管理部廖波处长、中国中车集团研究院经济部邵邦副部长等创新领域学者专家的悉心指导，在此表示衷心感谢！

限于作者水平，报告难免存在疏漏与不足，恳请读者批评指正。

编　者

2022 年 9 月

目 录
CONTENTS

第 1 章

全球创新发展格局

大国科技竞争、新冠病毒肺炎疫情冲击、绿色低碳转型与数字技术融合等多重因素叠加下，创新日益成为国家提振经济、维持全球竞争力与产业链安全、应对气候挑战的重要手段。本章根据《全球创新指数（GII）》[1]《欧盟工业研发投资记分牌》《世界知识产权报告》《全球竞争力报告》《全球金融中心指数》《创业生态指数》《中国城市统计年鉴》，以及联合国数据库、OECD数据库、世界知识产权数据库、国家统计局数据库等，从国家与区域层面分析全球创新发展格局。

1.1 全球创新发展大势

在外部发展环境日益复杂的背景下，全球创新呈现新的趋势。在国家政策导向上，以强化竞争力为主要方向；在创新方向上，进一步聚焦ICT[2]服务、生物技术与智能制造领域；在创新组织方式上，国际协作仍是大势所趋，政企合作日益深化。

1.1.1 强化竞争优势成为各国创新政策的主要导向

大国科技竞争日益激烈，重大社会问题与挑战日趋严峻，对各国经济、产业、社会治理形成巨大挑战，各国通过强化创新政策导向，以科技创新克服经济社会发展问题，以强化竞争优势。

依托创新强化关键技术与供应链的把控能力，维持全球产业链地位。为应对日趋激烈的大国竞争与新冠病毒肺炎疫情带来的经济冲击，各国加快调整产业链布局，以保护本国领先技术与国内供应链安全为核心，呈现出创新区域化的新趋势。美国为进一步巩固大国优势，为“与中国在技术领域的全面抗衡”做准备，聚焦关键领域技术攻关与供应链弹性提升，2021年与

[1] 报告英文名为《Global Innovation Index 2020》，其中Global Innovation Index缩写为GII，后文GII即指该指数。

[2] 信息与通信技术（information and communications technology，ICT）覆盖了所有通信设备或应用软件以及与之相关的各种服务和应用软件。

2022年分别出台《美国创新和竞争法案》《美国竞争法案》，实施“美国制造计划”“弹性供应链战略”，聚焦芯片、汽车、国防等领域，通过加大财政支持创建库存以维持关键物品供应稳定，巩固全球产业链地位。日本围绕本国经济安全，于2021年首次设立经济安全保障大臣，2022年4月通过“经济安全保障推进法案”，以强化包括半导体在内的重要物资的供应链，推进尖端技术的官民合作研究，从战略高度保障日本经济安全。德国为降低对外技术依赖度，于2021年发布《技术主权塑造未来》，成立技术主权委员会，加强技术主权与数据主权，通过攻克数字技术短板赋能传统制造，巩固“德国制造”的优势地位。

加快前沿科技布局，抢占科技经济制高点。各国前沿领域科技布局高度重合，聚焦人工智能、量子科技、5G/6G、网络安全、新材料、新能源等前沿领域展开激烈的科技竞争，以未来技术布局促进经济复苏。美国《无尽前沿法案》将发展关键产业技术上升到国家战略高度[1]，以数字技术和网络空间作为创新竞争的战略高地，推进量子网络、生物技术等关键技术领域研发工作，以加强在关键技术方面的领导地位。欧盟科技经济战略聚焦新一代信息技术、关键原材料、电池生态系统等领域，试图在绿色经济和数字化经济中掌控关键材料技术。日本加快5G/6G布局，旨在6G上实现反超，并推动量子技术实用化。

构建聚焦关键产业的国家创新系统，提升国家与产业竞争力。长期以来，西方发达国家在市场自由主义的影响下，重视利用市场机制自发调节创新活动，对政府主导构建国家创新系统，驱动国家和产业全球竞争力提升持一定的保留态度。随着经济全球化的不断推进、技术的交叉与融合深化发展，多创新主体的合作方式正由简单的双边合作和垂直整合向多边复杂的网络动态性合作方式转变。在此背景下，主要国家为增强与巩固全球竞争力，改变以往泛产业或跨产业的政策导向，创新系统建设向全球产业竞争的关键产业领域聚焦，产业导向更为鲜明。如美国在2022年8月出台《2022年芯

[1] 资料来源：《无尽前沿法案》。

片与科学法案》，将在未来通过成立美国芯片基金等方式，为半导体行业提供约 527 亿美元的资金支持，以及价值 240 亿美元的投资税抵免，鼓励企业在美国研发和制造芯片；日本在 2021 年出台《AI 战略 2021》，将着力构建 AI 研究开发网络，推动 AI 技术赋能日本实体产业，强化产业竞争力。

构建以企业为核心的创新生态，加速创新成果的产业化应用。为控制经济下行趋势，提振国内经济，美国、英国、德国等主要国家强调构建以企业为核心的创新生态系统，促成创新主体间的有机协同，加快创新的产业发展。美国支持美国国家科学基金会（简称 NSF）向应用技术领域的延伸，下设技术与创新局（DTI），加速技术商业化；在人才培养上，通过人力资源再培训等方式，加速理工科人力资源转化，提供产业人才支持。英国为应对新冠病毒肺炎疫情暴发与脱离欧盟对英国社会与经济发展模式带来的挑战，2021 年发布《英国创新战略：通过创造引领未来》，推进企业、政府、研发组织、金融机构等主体有机协同，充分利用英国的研发和创新系统来支持企业的创新，推动科技创新与产业发展。德国加大初创企业金融支持，2021 年 3 月启动“未来基金”，联合私人投资者为初创企业提供风险资本支持，以培育和保障德国未来竞争力。

利用科技创新应对重大社会挑战与全球性问题。新冠病毒肺炎疫情爆发、“双碳”目标的提出将各国创新焦点引向全球性问题，加快数字化技术、循环经济、生物技术攻关，应对全球变暖、国际自然灾害、人口老龄化等全球性课题，保障社会安全与可持续发展。如日本以科技创新加快打造“社会 5.0”，将哲学和法学等人文社会科学追加入科学技术范畴，并加快数字化信息平台建设，旨在通过综合知识系统与数字化技术，应对全球变暖、国际自然灾害、少子老龄化、人工智能社会伦理立法等全球性课题，打造可持续发展且具有韧性的社会。英国拟建首相直接牵头的“国家科学技术理事会”，为英国科技领域发展提供政策指导，以科技创新应对重大社会挑战，促进经济增长。韩国建立引领低碳和数字经济的研发特区，实现低碳技术的原始创新和商用化，加快数据、网络、人工智能领域创新步伐。

1.1.2 生物技术、ICT服务与智能制造仍是全球创新的主要领域

研发投入方面，制药和生物技术、ICT服务领域占比进一步提升。全球领先企业2020年研发支出主要集中在ICT硬件和电子设备、制药和生物技术、软件和ICT服务、汽车及零部件等四大创新前沿领域，合计占比达72.4%，较2019年有小幅提升。受新冠病毒肺炎疫情影响，疫苗研发在全球受到高度重视，ICT服务加速应用，制药和生物技术、软件和ICT服务研发投入占比较上年度有所提升，且上述领域研发投入实现增长的企业数量占比显著高于平均水平。其中，软件和ICT服务增幅明显，超过汽车及零部件行业，成为全球研发投入第三大领域。2019年与2020年全球领先企业主要领域研发支出占比变化情况见图1-1。

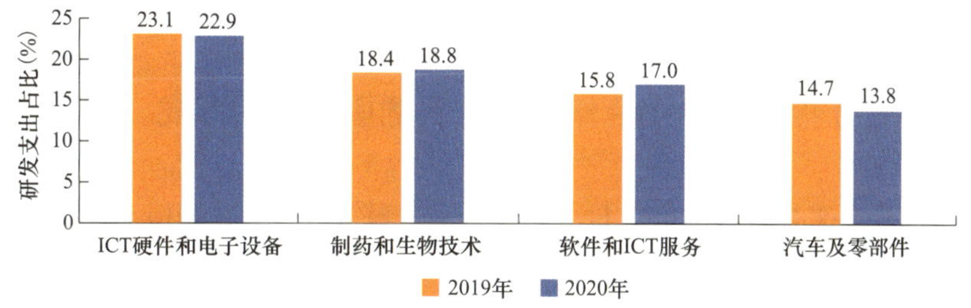

图1-1 2019年与2020年全球领先企业主要领域研发支出占比变化情况

研发产出方面，ICT、生物医药领域优势明显，机械装备在技术迭代需求下出现回升。近40年，信息与通信技术、半导体、生物医药等新兴领域快速崛起，形成新的创新增长极，代替机械装备成为全球创新主要的产出领域。1980—2020年，上述三大领域技术专利授权量占比显著增长，由14%上升至37%，其中信息与通信技术实现爆发式增长，专利授权数量增长15倍，全球占比由5.7%增至20.9%。相比之下，受20世纪90年代信息技术革命的冲击，机械装备在全球创新的地位逐步下滑，专利授权量占比由1980年的34.3%下降至2014年的22.6%。随着新一代信息技术与制造业的加速融合，2015年以来，全球主要国家逐步重视智能制造领域的研发创新，如中国发布《中国制造2025》、欧盟发布工业5.0战略等。在全球贸易摩擦

与新冠病毒肺炎疫情冲击下，国家层面更聚焦高端制造能力提升与产业链供应链安全，推动机械装备领域技术产出占比呈现企稳回升的趋势。1980—2020年全球专利授权技术领域分布情况见图1-2。

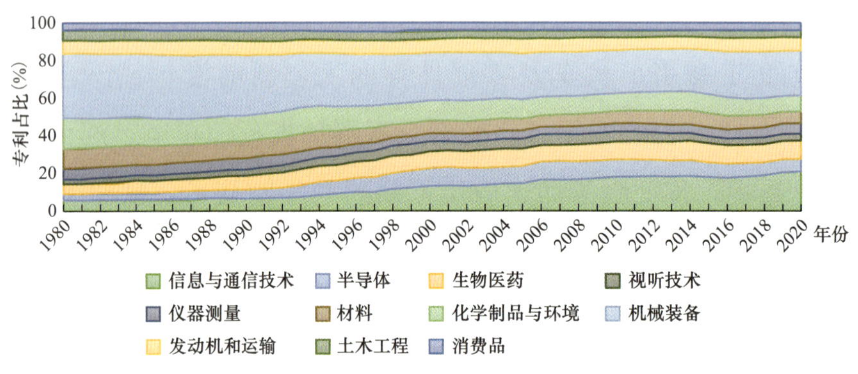

图1-2 1980—2020年全球专利授权技术领域分布情况

数据来源：WIPO。

1.1.3 国际创新协作与政企合作成为创新的重要组织形式

国际合作带来的创新产出日益提升。全球主要国家国际协作发明专利及联合出版物数量占比整体呈上升趋势，尤其在科学产出中表现更为突出。出版物方面，1970—2017年，瑞士、德国、美国与日本联合出版物占比增幅均超10%，其中，瑞士联合出版物占比与增幅最大，分别为75%与20%，美国与日本增长速度最快，年均复合增速分别达3.4%与3.0%。专利方面，瑞士、德国与美国等主要国家增长趋势明显，增幅均高于10%，瑞士更是高达28.3%。中国近20年在自主创新的科技政策导向下，共同发明占比虽呈下降趋势，但共同发明数量整体增长1.1倍，表明国际协同合作仍是大势所趋。主要国家国际共同发明数量占比见图1-3。主要国家国际联合出版物数量占比见图1-4。

全球性重大问题促进跨国家、跨领域、跨主体间的协同合作。当今全球面临气候变化、粮食安全、公共卫生等一系列重大挑战，其跨学科的交叉融合性与应急性特点要求建立国际合作与创新主体间的资源协调机制，统筹政

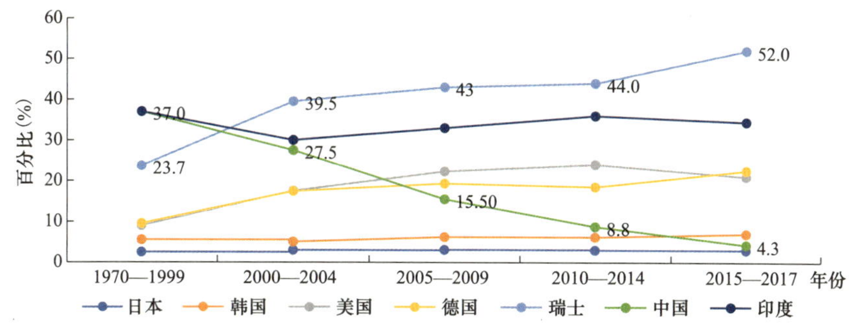

图 1-3 主要国家国际共同发明数量占比

数据来源：WIPO。

注：国际共同发明为至少在两个国家拥有一个以上发明人的专利所占份额。

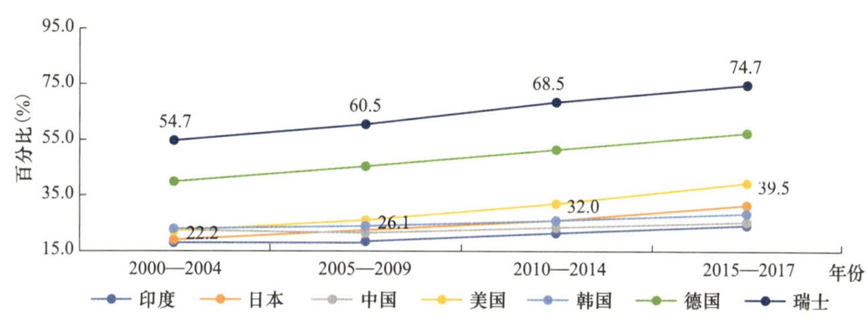

图 1-4 主要国家国际联合出版物数量占比

数据来源：WIPO。

注：国际联合出版物为至少在两个国家拥有一种以上从属关系的科学论文所占份额。

府、科研机构与企业等创新系统各主体力量，加快技术攻关。新冠病毒肺炎疫苗是全球创新生态系统协同创新的典型案例，全球有 172 个国家和地区加入新冠病毒肺炎疫苗计划，同时国家层面借助“科技悬赏”模式广泛调动企业、科研院所等社会科技力量，加速新冠病毒肺炎疫苗的研发。在各参与者的通力合作下，截至 2021 年年底，全球有 20 种新冠病毒肺炎疫苗正在使用，114 种候选疫苗正在进行临床试验，185 种疫苗正在临床前开发。

政企合作日益深化，企业在公共领域创新参与度提升。企业创新具有贴近市场、效率导向、机制灵活的独特优势，企业与政府一同在公共领域开展创新合作已成为构筑多元创新生态，推进前沿技术产业化应用、节约创新成本、提高创新能力与效率的重要方向。其中，航天商业化是政企合作的重要尝试，2010—2019年民营部门在航天领域的投资逐步增多，促进行业创新能力不断提升。以美国为例，在NASA的商业航空政策导向下，2010年以来，其民营部门在航天领域的投资占比显著上升，由2010—2014年的8%，上升至2015—2019年的33%。以政企合作为核心的商业航空政策将充分发挥企业的制造及商业化优势，推动技术的产业化应用，降低创新成本。NASA预计，与自主研发载人航天器的成本相比，公私合作模式节省了200亿—300亿美元的研发成本[1]。NASA与民营部门航天领域投资占比见图1-5。

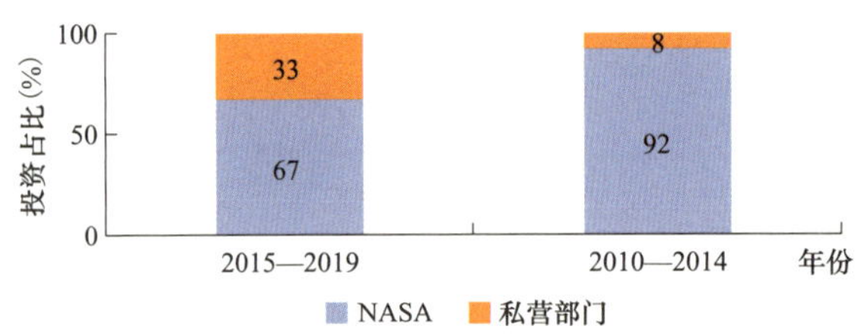

图1-5　NASA与民营部门航天领域投资占比

1.2　全球创新竞争格局

高收入经济体对中低收入经济体的创新优势继续扩大，并依靠其全球创新主导地位进一步巩固了全球竞争力领先地位。欧美仍是全球最具创新力的地区，但亚太地区追赶势头强劲，推动区域创新分化情况在2021年有所好转。创新第一梯队与身后梯队的差距继续拉开，其绝对优势领域发生转变。中国延续了长期以来在创新投入与产出方面的亮眼表现，在全球创新竞争格局中的地位进一步提高。

1.2.1　不同收入经济体间的创新差距不断拉大

高收入经济体占据全球创新主导地位。2021年全球创新指数排名显示，

[1] 资料来源：Economic Report of the President，2021.

全球创新排名前25位的经济体中，除中国外，均为高收入国家。瑞士、瑞典、美国、英国、韩国等高收入国家位列前五名，其中，瑞士已连续11年位居榜首，是世界最具创新力的经济体，瑞典、美国、英国则紧随其后分列第2—4位，连续三年位居全球前五。2021年全球创新指数排名（前25位）见表1-1。

表1-1　　2021年全球创新指数排名（前25位）

国家/经济体	排名	收入	国家/经济体	排名	收入
瑞士	1	高	中国香港	14	高
瑞典	2	高	以色列	15	高
美国	3	高	加拿大	16	高
英国	4	高	冰岛	17	高
韩国	5	高	奥地利	18	高
荷兰	6	高	爱尔兰	19	高
芬兰	7	高	挪威	20	高
新加坡	8	高	爱沙尼亚	21	高
丹麦	9	高	比利时	22	高
德国	10	高	卢森堡	23	高
法国	11	高	捷克共和国	24	高
中国	12	中偏上	澳大利亚	25	高
日本	13	高	—	—	—

中等收入经济体[1]的创新地位有所下滑。2021年中等收入经济体进入全球创新前70强的数量占比为36.8%，较2020年的40.9%下降4.1%。其中，前50强占比为14.7%，较2020年下降2%。前30强中，中国仍然是唯一的中等收入经济体，与保加利亚（第35位）和马来西亚（第36位）共同成为中等收入组排名领先的三大经济体。2020年与2021年中等收入经济

[1] 《全球创新指数》对于“中等收入经济体”的定义源自2020年6月发布的世界银行收入组别分类（World Bank Income Group Classification），为国内人均生产总值处于1036～12 535美元的经济体，下同。

体排名分布对比见图1-6。

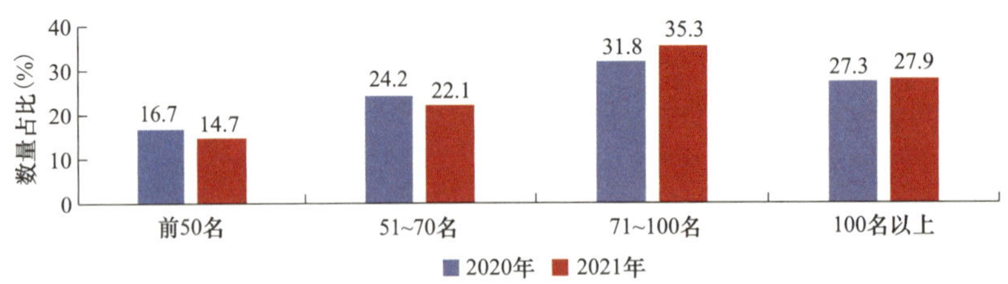

图1-6　2020年与2021年中等收入经济体排名分布对比

高收入经济体与中低收入经济体的创新实力差距增大。2021年高、中、低收入经济体的平均创新得分分别为55.0分、28.5分和20.1分，与2020年相比，高收入经济体增加9.5分，中等收入经济体减少0.1分，低收入经济体保持不变。高收入经济体与中、低收入经济体的创新差距均进一步拉大，其中，高收入经济体与中等收入经济体的差距由2020年的16.9分增至2020年的26.5分，与低收入经济体的差距由2020年的25.4分增至2020年的34.9分。2020年、2021年各收入组别平均创新得分见图1-7。

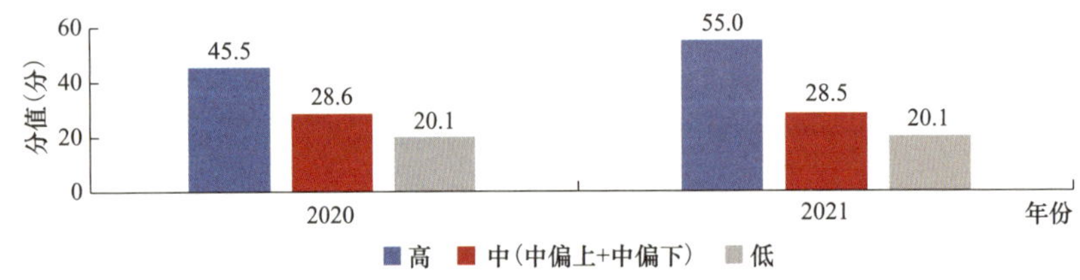

图1-7　2020年、2021年各收入组别平均创新得分

高收入经济体形成创新能力与国家竞争力相互促进的正向循环。世界经济论坛发布的最近一期全球竞争力指数（GCI）显示，2019年全球竞争力前25强均为高收入经济体，中低收入经济体中只有马来西亚（第27位）及中国（第28位）接近前25。此外，GCI排名与全球创新指数排名高度相似，瑞士、瑞典、美国、荷兰等高收入经济体创新强国，在全球竞争力指数中同样位列前茅，反映出国家竞争力与国家创新实力之间具有高度关联性。2019年全球创新指数前10强的全球竞争力排名见表1-2。

表 1-2　　2019 年全球创新指数前 10 强的全球竞争力排名

国家/经济体	全球创新排名	全球竞争力排名
瑞士	1	5
瑞典	2	8
美国	3	2
荷兰	4	4
英国	5	10
芬兰	6	11
丹麦	7	9
新加坡	8	1
德国	9	7
以色列	10	20

1.2.2　全球区域创新不平衡问题仍待改善

欧美仍是全球最具创新力的地区。多达 18 个欧洲及北美国家在 2021 年进入全球创新前 25 强，其中共有 8 个国家高居前 10 位，两项指标均与去年保持一致。此外，2021 年多数欧洲与北美国家的七大创新要素得分排名处于全球第一梯队[1]。其中，商业成熟度、基础设施、知识和技术产出、市场成熟度四项要素的全球榜首均来自这一地区，分别为瑞典、挪威、瑞士和加拿大。2021 年欧洲与北美地区部分国家（全球前 15）七大创新指标排名见表 1-3。

表 1-3　　2021 年欧洲与北美地区部分国家（全球前 15）的七大创新要素排名

国家	制度	人力资本和研究	基础设施	市场成熟度	商业成熟度	知识/技术产出	创意产出
瑞士	13	6	2	6	4	1	2
瑞典	9	2	3	11	1	2	5
美国	12	11	23	2	2	3	12
英国	15	10	10	4	21	10	4

[1] 第一梯队为第 1～33 位，第二梯队为第 34～66 位，第三梯队为第 67～99 位，第四梯队为其他。

续表

国家	制度	人力资本和研究	基础设施	市场成熟度	商业成熟度	知识/技术产出	创意产出
荷兰	6	14	16	31	5	7	7
芬兰	2	4	11	19	6	5	16
丹麦	8	5	5	7	11	14	13
德国	17	3	21	20	12	9	11
法国	9	15	17	17	19	16	6

亚太地区的创新活力进一步提升。2021 年亚太地区中，韩国、新加坡、中国、日本及中国香港位列全球创新前 25 强，是全球创新的领导者。其中，中国、韩国、日本的创新表现在过去 10 年间提升最为显著，3 个国家 2021 年的创新排名分别为第 12 位、第 5 位、第 13 位，相较 2012 年分别提高了 22 位、16 位与 12 位，是亚太地区创新地位提升的主要推动力量。除此之外，土耳其（第 41 位）、越南（第 44 位）、印度（第 46 位）和菲律宾（第 51 位）四大亚洲经济体在过去 10 年中排名平均跃升了 22 位，成为影响全球创新格局的新兴力量。2012 年、2021 年部分亚洲国家的全球创新排名变动情况见图 1-8。

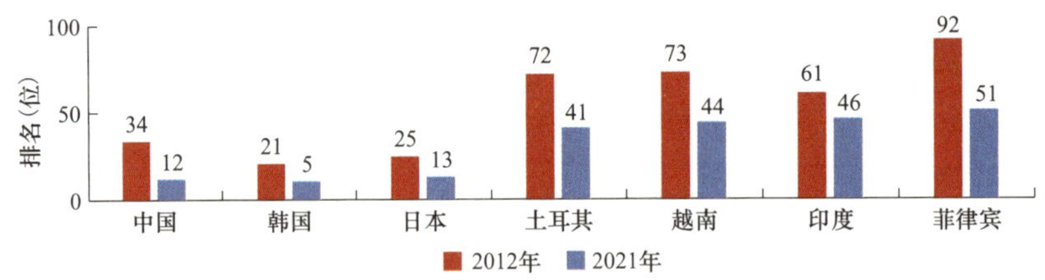

图 1-8　2012 年、2021 年部分亚洲国家的全球创新排名变动情况

区域创新分化仍在持续，但趋势有所放缓。从长周期视角看，亚太地区及其他地区与欧美地区的平均创新得分差距分别从 2012 年的 3.5 分、18.2 分增加至 2021 年的 5.7 分、18.9 分，全球区域创新分化在不断加深。从短周期视角看，2021 年亚太地区及其他地区与欧美地区的平均创新得分差距相较 2020 年分别减少了 3.6 分和 0.1 分，全球区域创新差距有所缩小。人力资本和研究指标的改善是避免 2021 年全球区域创新出现进一步分化的主

要因素。具体而言，2021 年亚太地区该项指标的平均得分与欧美地区的差值为 7.3 分，相比 2020 年大幅减少了 8.4 分。2012 年、2020 年与 2021 年亚太及其他地区与欧美地区创新得分差距见图 1-9。2020 年、2021 年亚太地区和欧美地区创新指标差距的变化见图 1-10。

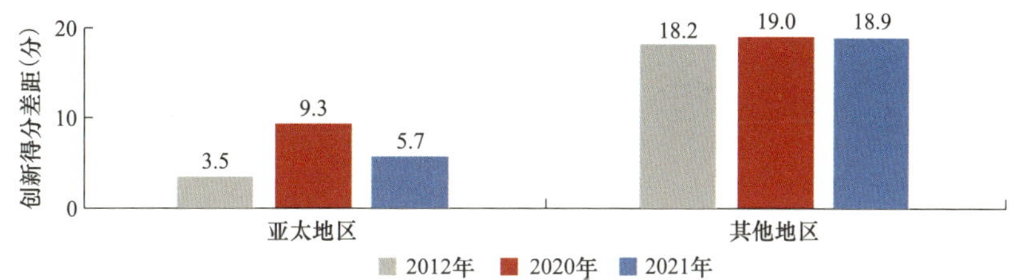

图 1-9 2012 年、2020 年与 2021 年亚太及其他地区与欧美地区创新得分差距

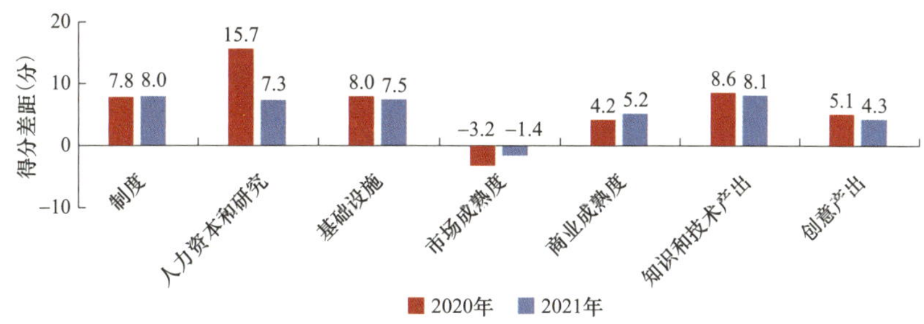

图 1-10 2020 年、2021 年亚太地区和欧美地区创新指标差距的变化

1.2.3 创新领先国家的优势进一步巩固

创新第一梯队的领先地位愈发稳固。 2021 年处于全球创新第一梯队的 33 个国家中，共有 32 个国家在 2012—2021 年至少 8 次入围第一梯队，仅有阿联酋为今年首次入选，创新第一梯队的国家构成正趋于稳定。此外，创新第一梯队与身后其他梯队间的差距也在最近 10 年内不断拉大，其中，第一梯队与第二、三、四梯队的创新得分差距已分别由 2012 年的 15.9 分、23.3 分、30.6 分，提升至 2021 年的 16.5 分、24.8 分、31.9 分。2021 年创新第一梯队国家在 2012—2021 年的入围次数见图 1-11。2012 年、2021 年创新各梯队的平均得分情况见图 1-12。

创新第一梯队在人力资本和研究、商业成熟度等方面的比较优势更加凸显。 从绝对优势领域的视角看，第一梯队相较身后梯队优势最明显的方面在近10年间已经发生了改变。其中，2012—2021年，第一梯队相较第二、三梯队优势最明显的领域由制度转为商业成熟度，相较第四梯队优势最显著的领域由制度转变为人力资本和研究。从各领域差距变化的视角看，2012—2021年，第一梯队在制度、基础设施、市场成熟度三方面的领先地位被身后梯队逐步接近，但在人力资本和研究、商业成熟度与创意产出等领域的领先优势得到进一步巩固。2012年、2021年第一梯队与第二、三、四梯队的创新差距见图1-13。

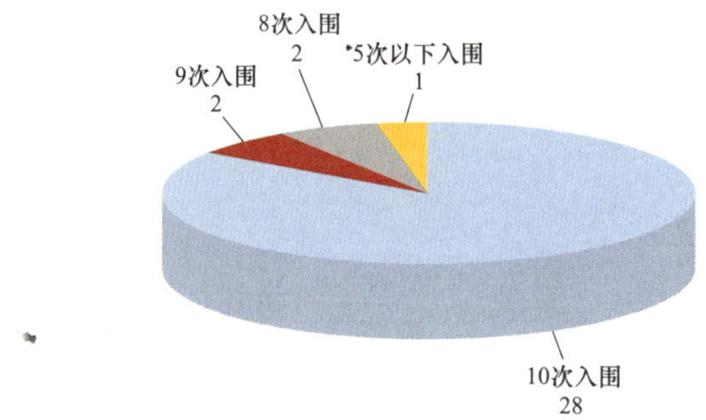

图1-11　2021年全球创新第一梯队国家在2012—2021年入围次数

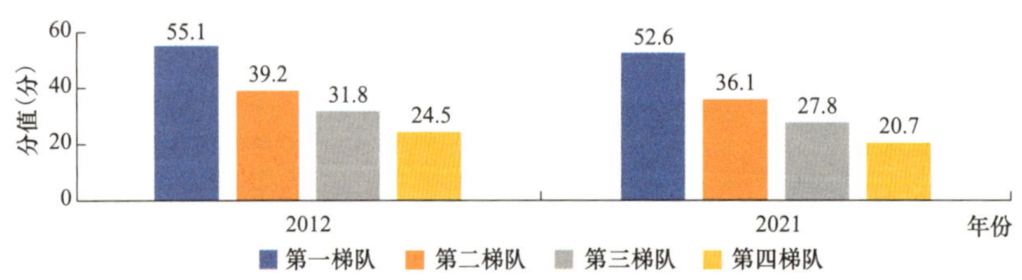

图1-12　2012年、2021年创新各梯队的平均得分情况

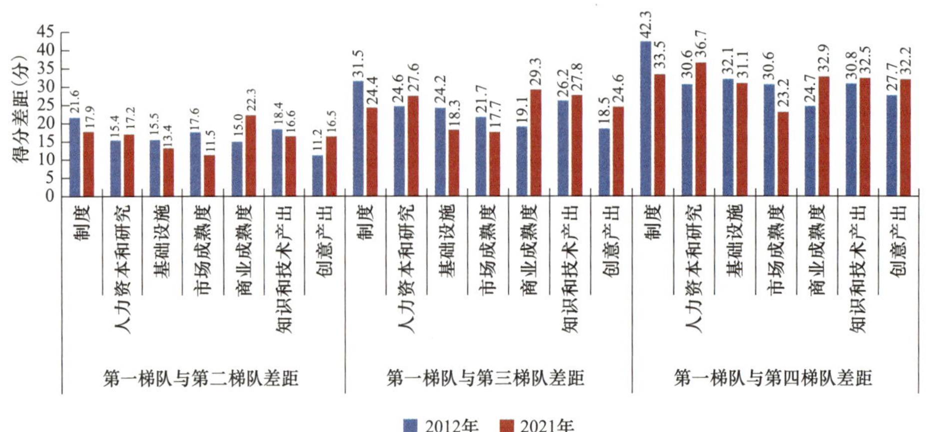

图1-13　2012年、2021年第一梯队与第二、三、四梯队的创新差距

1.2.4　中国创新追赶趋势进一步凸显

中国创新地位进一步提升。2021 年中国在全球创新指数排名中位列第 12 位，较 2020 年提升 2 位，连续 6 年入围全球前 25 强，是前 25 强中唯一的中等收入经济体。具体得分方面，中国与芬兰、新加坡、丹麦、德国、法国等排名 7—12 位经济体的创新差距逐年缩小。其中，中国与排名第 10 位的德国相比，差距由 2016 年的 7.3 分降低至 2021 年的 2.5 分。全球创新排名第 7—12 位经济体分数变化情况见图 1 - 14。

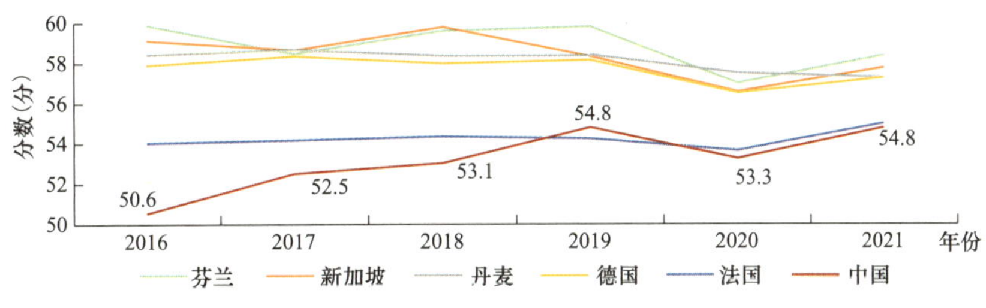

图 1 - 14　全球创新排名第 7—12 位经济体分数变化情况

中国研发投入力度持续加大。2013—2021 年中国 GDP 的年均复合增长率为 8.6%，远高于全球 2%～3%的平均增速。经济实力的提升为中国加大创新资源投入奠定坚实基础，2013—2021 年中国研发投入强度逐年增长，由 2.00%增至 2.44%，已接近 OECD 国家新冠病毒肺炎疫情前 2.47%的平均水平。2013—2021 年中国研发投入强度变化情况见图 1 - 15。

图 1 - 15　2013—2021 年中国研发投入强度变化情况[1]

[1] 数据来源：OECD。

中国创新产出水平量质齐升。GII 报告以科学技术出版物与国际专利作为衡量国家或地区创新产出的主要指标。创新产出数量方面，2021 年中国在科学技术文章发表与 PCT 专利申请两项指标上分别排名全球第 42 位与第 13 位，与 2016 年相比分别提升了 8 位与 12 位。创新产出质量方面，2021 年中国在可引用文献 H 因子该项指标的排名上位列第 13 位，较 2016 年进步了 3 位。创新产出效率方面，2021 年中国以全球第 25 名的创新投入实现了全球第 7 的创新产出水平，投入产出率高达 92%，在全球创新前 15 强中排名第一，领先全球创新榜首瑞士 2%，投入产出效率在全球居于前列❶。同时，中国基础研究投入相对较少、原始创新依然薄弱、科技经济结合不畅等问题仍较突出，创新成果有效产出、高效产出还亟待提升。2021 年全球创新前 15 强投入产出率情况见图 1-16。

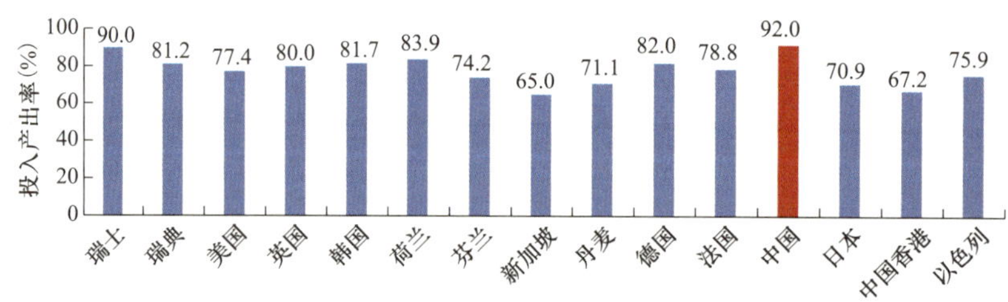

图 1-16　2020 年全球创新前 15 强投入产出率情况

中国各创新要素排名保持增长势头。从近 10 年（2012—2021 年）各评价要素排名变动情况看，中国在各评价要素上均实现了排名提升。其中，制度、人力资本和研究及创意产出三项的排名上升幅度最为显著，分别由 121 位、81 位与 56 位提升至 61 位、21 位与 14 位，极大推动了中国创新综合实力的提升。从近两年各要素的排名变动情况看，虽然中国在创意产出上的排名略有下滑，但在其他方面的排名仍然延续了近 10 年的上升势头。其中，基础设施要素排名较 2020 年大幅提升 12 位并首次进入全球第一梯队，知识和技术产出要素排名较 2020 年提升 3 位并重新进入全球前 5 的行列。2021 年，制度要素排名上升 1 位，但仍位居全球第二梯队，短板依然明显。2012

❶ 投入产出率=创新产出得分/创新投入得分。

年、2020 年及 2021 年中国各创新要素排名变化情况见图 1-17。

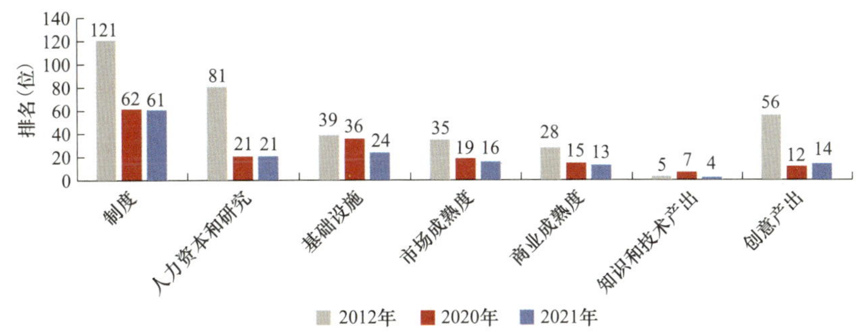

图 1-17　2012 年、2020 年及 2021 年中国各创新要素排名变化情况

1.3　科技集群创新格局

科技集群（science and technology cluster）是指以地理空间集中的高技术产业集群为基础，由企业、研究机构、大学、政府、中介服务组织等构成，通过产业链、价值链和知识链形成具有集聚经济和知识溢出特征的技术经济网络。GII 报告自 2017 年起将科技集群纳入分析范围，采用密度聚类算法 DBSCAN 对国家以下层面的州省、地区或城市的创新表现进行集群划定或合并，其结果具有较高权威性。新一轮科技革命下，科技集群已成为全球科研创新的前沿阵地，其集聚经济和知识溢出优势在创新领先国家中尤为突出。金融与创新生态环境是科技集群发展的关键要素，领先科技集群拥有相对成熟的创新生态，创新地位愈发稳固。中国科技集群在全球的地位不断提升，呈现出三大领先集群创新引领与众多新兴集群快速发展的格局。

1.3.1　创新领先国家科技集群的优势日益突出

主要国家科技集群领先优势日益突出。2021 年上榜集群主要集中在美国、中国、德国，上榜数量分别为 24 个、20 个与 8 个，合计数量占比高达 52%，其次为日本、加拿大、法国与英国，上榜数量分别为 5 个、4 个、4 个和 4 个。其中，中国集群在科技产出方面取得的增长最为显著，4 年集群上榜数量增长 2.86 倍。2017—2021 年全球主要地区科技集群分布变化情况见图 1 - 18。

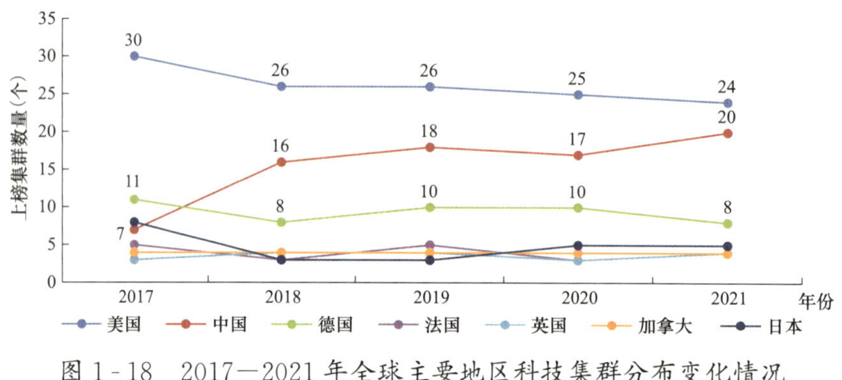

图 1 - 18　2017—2021 年全球主要地区科技集群分布变化情况

高收入经济体科技集群上榜数量与产出水平领先优势依然突出。在上榜数量上，排名前 100 位的科技集群有 72 个来自高收入经济体，较 2020 年下降了 3 个，但上榜数量仍占绝对优势。在产出质量上，2021 年，高收入经济体科技集群创新产出是中等收入经济体的 2.5 倍，其中，PCT 专利的领先优势更为突出，是中等收入经济体的 3.3 倍，在一定程度上反映了高收入经济体科技集群创新的应用性特征更为突出。2021 年高收入经济体与中低收入经济体科技集群产出占比情况见图 1 - 19。

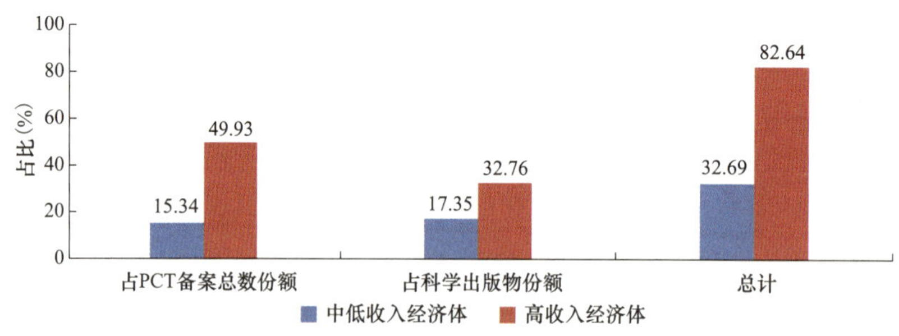

图 1 - 19　2021 年高收入经济体与中低收入经济体科技集群产出占比情况

1.3.2　全球优秀科技集群创新地位愈发稳固

领先科技集群形成了较为稳定的创新生态与明显的创新优势，2021 年前 20 强创新排名变动较小，多数保持不变或增减一位，东京－横滨再次成

为表现最好的科技集群，其次是深圳—香港—广州、北京、首尔和圣何塞—旧金山。相比之下，20～100 强排名变动较大，且增减幅度多在 5 名以上，也涌现出中国青岛、沈阳、大连以及日本金泽等高速发展的创新集群，从侧面反映当前 20～100 强科技集群创新差距不大，竞争更为激烈，且部分处在成长阶段的创新集群未来或有较大发展潜力。从创新产出占比视角，排名前 20 强的科技集群创新领先优势逐步扩大，2018—2021 年，前 20 强与后 80 强的 PCT 备案数量合计占比差距由 24.12%扩大至 25.65%，出版物的合计占比差距由-6.34%缩小至-5.37%。2021 年上榜科技集群排名变动情况见图 1-20。2018 年与 2021 年上榜科技集群创新产出占比情况见图 1-21。

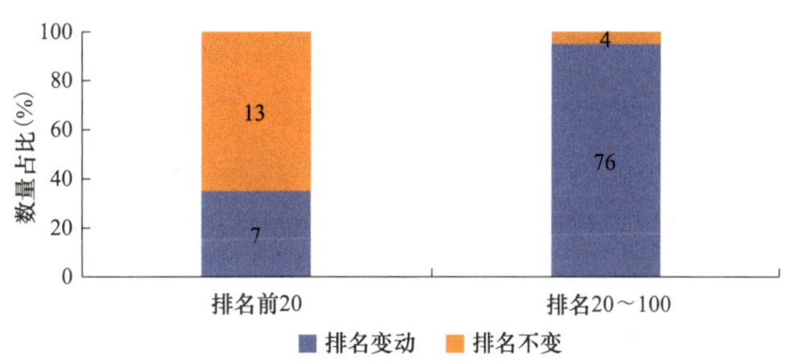

图 1-20　2021 年上榜科技集群排名变动情况

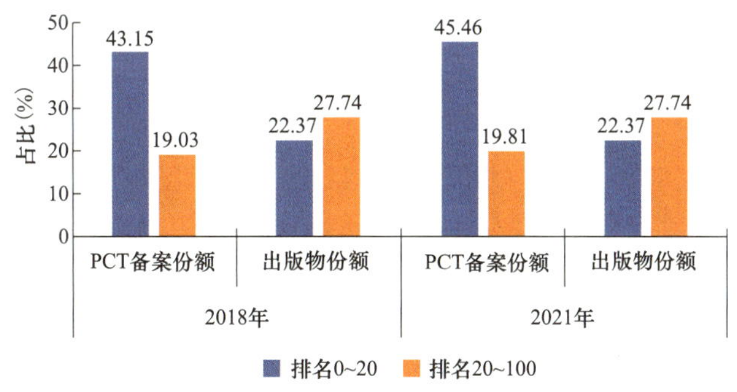

图 1-21　2018 年与 2021 年上榜科技集群创新产出占比情况

1.3.3　科技集群发展需要金融与创业生态环境支持

GII 排名前 20 的科技集群与全球创业生态指数、全球金融中心榜单[1]高

[1] 资料来源：2021 年《全球金融中心指数（The Global Financial Centres Index）》。

度重合，重合度分别高达70%与75%，在一定程度上体现了创业生态环境与金融服务对创新活动的促进作用。区域成熟的创业生态环境有利于创新要素的集聚与创新成果的产业化发展，凭借较高的资源链接与敏锐的市场感知，以及基础设施与人力资源支持，吸引创新活动集聚。国际金融中心拥有较为成熟的金融服务体系与较强的市场灵活度，可充分借助金融创新分散研发风险，推动创新集群的发展。2021年前20强科技集群榜单及各集群的创新生态、金融环境见表1-4。

表1-4　2021年前20强科技集群榜单及各集群的创新生态、金融环境

集群名称	集群排名	创业生态排名	金融中心排名
东京—横滨	1	9	7
深圳—香港—广州	2	19	4（香港）+ 8（深圳）+22（广州）
北京	3	4	6
首尔	4	16	16
圣何塞—旧金山	5	1	12
大阪—神户—京都	6	—	32
波士顿—剑桥	7	5	24
上海	8	8	3
纽约市	9	2	1
巴黎	10	12	25
圣迭戈	11	21	44
名古屋	12	—	—
华盛顿市—巴尔的摩	13	11	14
洛杉矶	14	6	13
伦敦	15	2	2
休斯顿	16	—	—
西雅图	17	10	—
南京	18	—	113
阿姆斯特丹—鹿特丹	19	13	28
科隆	20	—	—

1.3.4 中国科技集群全球地位不断上升

中国科技创新集群上榜数量与排名同步提升。2021年中国有20个科技集群进入全球科技集群百强行列，较上年增长2个（沈阳和大连），上榜集群数量仅次于美国，位居全球第二。在排名分布上，除台北—新竹下降1名外，各集群排名均实现不同程度提升。其中，深圳—香港—广州、北京、上海稳居国内前三，保持全球前10强地位；青岛、沈阳、大连三大集群排名显著提升，分别上升16位、14位和13位。2017—2021年中国上榜集群数量变化情况见图1-22。2018—2021年中国上榜科技集群排名变化情况见1-5。

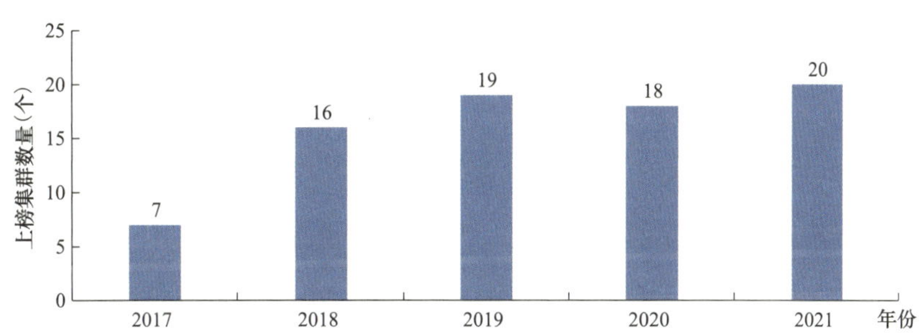

图1-22 2017—2021年中国上榜科技集群数量变化情况

表1-5 2018—2021年中国上榜科技集群排名变化情况

序号	集群名称	2021年排名	2020年排名	较2020年排名变化	较2018年排名变化
1	深圳—香港—广州	2	2	0	0
2	北京	3	4	1	2
3	上海	8	9	1	4
4	南京	18	21	3	9
5	杭州	21	25	4	20
6	武汉	25	29	4	18
7	台北—新竹	28	27	−1	12
8	西安	33	40	7	19

续表

序号	集群名称	2021 年排名	2020 年排名	较 2020 年排名变化	较 2018 年排名变化
9	成都	39	47	8	17
10	天津	52	56	4	15
11	青岛	53	69	16	49
12	长沙	59	66	7	9
13	苏州	63	72	9	37
14	重庆	69	77	8	34
15	合肥	73	79	6	24
16	哈尔滨	75	80	5	18
17	济南	76	82	6	23
18	长春	81	87	6	14
19	沈阳	90	104	14	—
20	大连	97	110	13	—

中国科技集群发展与创新投入、创新氛围及金融服务水平高度相关。与全球科技集群表现趋同，上榜集群在科学技术支出、高新技术企业数量及年末金融机构人民币各项存款余额等方面整体表现高于全国平均水平。上述特点在深圳－香港－广州、北京、上海三大领先的科技集群中尤为突出，三大集群各指标占比均排名全国前列，且表现远高于其他城市，呈现出较强的引领性。从集群发展视角，青岛、杭州、苏州、重庆、合肥、济南等近三年排名升幅超 20 名的集群在科学技术支出、金融规模增长速度上整体表现较好。其中，相较于国内其他集群，苏州、青岛、济南三大指标表现相对均衡，集群排名增长较快；而合肥、杭州与重庆则聚焦特定领域，如合肥在科技投入方面增长显著，杭州的金融引领性更为突出，重庆在高企数量增长方面表现优异。中国上榜科技集群 2020 年科技支出、高新技术企业（以下简称高企）数量与金融规模全国占比见图 1 - 23。中国上榜科技集群 2020 年科技支出、高企数量与金融规模增长情况见图 1 - 24。

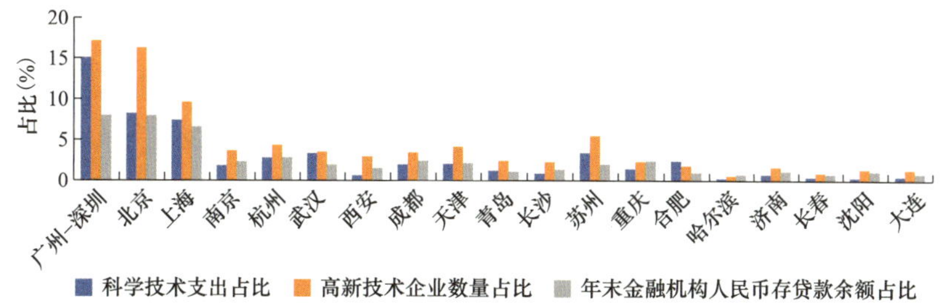

图 1-23　中国上榜科技集群 2020 年科技支出、高企数量与金融规模全国占比❶

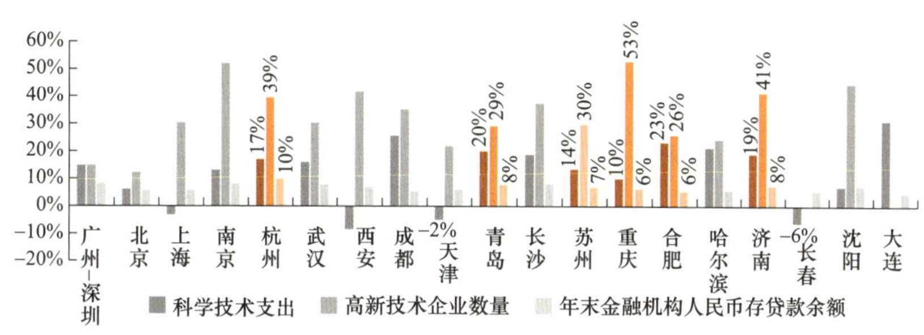

图 1-24　中国上榜科技集群 2020 年科技支出、高企数量与金融规模增长情况❷

1.4　小结与展望

随着大国科技竞争日益激烈，重大社会挑战与全球性问题对国家创新提出更高要求，各国聚焦产业链供应链安全、前沿科技布局、创新产业化应用以及重大社会挑战应对等，制定一系列创新政策。全球创新向制药和生物技术、ICT 服务等前沿领域集中，随着新一代信息技术与制造业的加速融合，全球对高端制造的关注度日益提升，机械装备技术领域的迭代升级趋势明显。国际创新协作与政企合作成为大势所趋，旨在充分发挥各创新主体优势，提升创新效率，集中力量攻克全球重大挑战。

在全球创新竞争格局上，高收入经济体在全球创新中依然占据主导地位，且创新优势持续扩大。区域视角下，由于人力资本和研究指标表现的改善，全球区域创新分化情况有所好转，其中，欧美仍是全球最具创新力的地

❶ 数据来源：2021 年中国城市统计年鉴。

区，亚太地区在韩国、新加坡、中国、日本及中国香港的带动下，创新活力进一步提升。榜单排名视角下，创新第一梯队的领先地位愈发稳固，与身后其他梯队间的差距也在最近 10 年内不断拉大，在人力资本和研究、商业成熟度等方面的比较优势更加凸显。

在科技集群方面，美国、中国、德国等国家是科技集群主要集中地，优势突出。排名前列的领先科技集群形成了较为稳定的创新生态与明显的创新优势，长期占据榜单前列，在创新产出占比上优势逐步扩大。从集群培育与发展视角，良好的创业生态与金融环境支持有利于科技集群形成与发展。

中国在全球的创新实力稳步增强，研发投入力度持续加大，基础设施要素水平首次进入全球第一梯队，但制度短板依然突出，成为下阶段仍需重点攻克的方向。在科技集群表现上，中国各集群排名均实现不同程度提升，形成了以深圳－香港－广州、北京、上海三大科技集群为引领，新兴集群加速发展的格局。

第 2 章

领先企业创新发展格局

企业作为创新的重要主体，是全球经济与创新活力的重要体现，也是各国提升创新实力与全球竞争力的重要抓手。本章从全球视角把握领先企业创新格局，结合《全球创新指数（GII）》《欧洲创新记分牌》《欧盟工业研发投资记分牌》《全球创业生态系统报告》等全球权威榜单数据，重点以《欧盟工业研发投资记分牌》[1] 榜单选取的全球创新 2500 强企业[2]为分析对象，从总体情况、国家分布和产业格局等维度分析 2021 年全球企业创新发展态势。

2.1 创新领先企业的全球经济地位

新冠病毒肺炎疫情冲击下，以创新培育未来经济增长新动能、提升抗风险能力成为各界共识。2021 年创新领先企业在全球经济的地位进一步巩固，并将创新作为应对挑战的重要路径，通过维持健康的研发投入与产出，确保在下个周期的产业竞争力。

2.1.1 创新领先企业在全球经济中的地位持续提升

创新领先企业在全球经济的贡献度显著提升。2015—2020 年，创新 2500 强企业净销售额与全球 GDP 的比值呈波动上升态势，占比整体高于 25%，相较于 2015 年增长了 1.6%。2020 年在新冠疫情冲击下，全球经济遭到重创，但创新 2500 强企业净销售额占比仍保持增长态势，同比增长 0.6%，体现出领先企业在重大挑战下的强抗风险能力与在全球经济中的重要地位。2015—2020 年全球创新 2500 强企业净销售额与全球 GDP 比值见图 2-1。

---

[1] 《欧盟工业研发投资记分牌》于每年 11 月发布，均按上一年度统计数据进行排名。由于榜单发布年份与经营数据统计年份存在一定的差异，为避免误解，下文涉及的榜单排名所属年份统一按榜单公布年份，企业经营数据所属年份均按实际统计所属年份。例如，图 2-1 统计的 2500 强企业净销售额数据为 2015—2020 年数据，所属的榜单为 2016—2021 年，依此类推。

[2] 后文创新领先企业、上榜企业均指《欧盟工业研发投资记分牌》创新 2500 强企业。

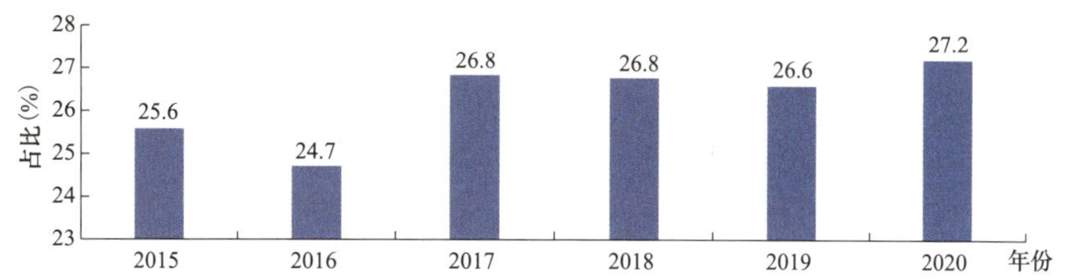

图 2-1　2015—2020 年全球创新 2500 强企业净销售额与全球 GDP 比值❶

创新领先企业的竞争力持续提升。从当前排名来看，2021 年创新前 10 强企业在《财富》500 强榜单中多位居前列。其中，苹果与大众在 500 强排名分别为第 6 位与第 10 位，在剔除行业影响后，创新前 10 强企业在 500 强企业行业内排名均位列前 5 名，在全球企业中的竞争力尤为突出。从排名变化来看，除大众受汽车及零部件行业影响排名小幅下降外，创新前 10 强企业的 500 强排名在 2021 年均有显著提升。其中，FACEBOOK、英特尔、罗氏等 ICT 领域及生物医药企业增幅最大，分别上升 58 位、30 位与 24 位。2021 年全球创新前 10 强企业在《财富》世界 500 强的排名情况见表 2-1。

表 2-1　2021 年全球创新前 10 强企业在《财富》世界 500 强的排名情况

创新 2500 强排名	企业名称	所处行业	500 强排名	500 强排名变化	500 强行业内排名
1	谷歌	ICT 服务	21	+8	2
2	华为	ICT 硬件	44	+3	1
3	微软	ICT 服务	33	+16	1
4	三星电子	ICT 硬件	15	+4	1
5	苹果	ICT 服务	6	+6	1
6	FACEBOOK	ICT 服务	86	+58	5
7	大众	汽车及零部件	10	-3	2
8	罗氏	制药与生物技术	147	+24	4
9	英特尔	ICT 硬件	108	+30	1
10	强生	制药与生物技术	94	+10	2

❶ 数据来源：2016—2021 年《欧盟工业研发投资记分牌》、世界银行数据库。报告数据较去年有所调整，主要由 GDP 统计口径与汇率取值的影响，上年度报告 GDP 数据采用联合国 2017 年不变价美元计算，并使用 2017 年度平均汇率进行换算，本年度报告 GDP 数据采用现价美元计算，并用各年度平均汇率进行货币折算，受汇率波动影响，GDP 占比出现一定波动。

2.1.2 领先企业全球创新引领性日益凸显

领先企业研发投入保持增长，且研发强度持续加强。受新冠病毒肺炎疫情影响，创新 2500 强企业研发投入增速有所放缓，2020 年研发投入规模达 9089 亿欧元，较 2019 年增长 0.5%，与近 7 年 7.8%的复合增速相比明显放缓。但领先企业对创新的重视程度仍较高，2020 年研发投入强度达到 4.8%，较 2019 年增长 0.5%，为近 6 年来最高水平。2013—2020 年 OECD 国家与全球创新 2500 强企业研发投入强度见图 2-2。

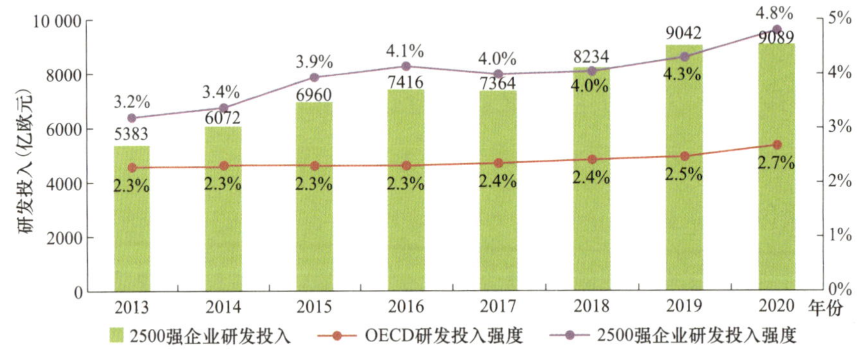

图 2-2 2013—2020 年 OECD 国家与全球创新 2500 强企业研发投入强度

创新领先企业研发强度的领先幅度逐步扩大。2020 年，在新冠病毒肺炎疫情冲击背景下，国家与企业层面依然高度重视创新，创新 2500 强企业与 OECD 国家研发投入强度均显著提升，较 2019 年分别由 4.3%提升至 4.8%，由 2.5%提升至 2.7%。但创新 2500 强企业研发投入强度增幅相对更大，对 OECD 国家的创新差距由 2019 年的 1.8%进一步扩大到 2020 年的 2.1%，在全球创新活动中的重要性凸显。2013—2020 年全球创新 2500 强企业研发投入强度见图 2-2。

2.2 创新领先企业国家分布

创新具有明显的领先者优势，领先经济体凭借长期的资源投入与积累，

企业创新实力持续增强。在创新驱动导向下，各国企业均高度重视创新，全球不同收入经济体间企业创新规模指标差距逐步缩小，但创新强度差距仍在扩大。

2.2.1　创新领先企业在优势经济体的集聚趋势进一步强化

企业数量方面，2021 年，创新投入排名前 2500 强的企业来自 39 个国家或地区，较 2020 年下降 4 个，其中高收入经济体 33 个，中等收入经济体 6 个。上榜企业主要集中于美国、中国、欧盟、日本与英国，2014—2021 年上述经济体上榜企业数量合计占比由 80.9%上升至 87.8%。其中，美国领先优势突出，以 779 家上榜企业位列榜首，中国增长最为显著，近 6 年上榜企业数量增长近一倍。2014—2021 年全球创新 2500 强企业的国家分布情况见图 2-3。2014—2021 年全球创新 2500 强企业在重点国家或地区的分布情况见图 2-4。

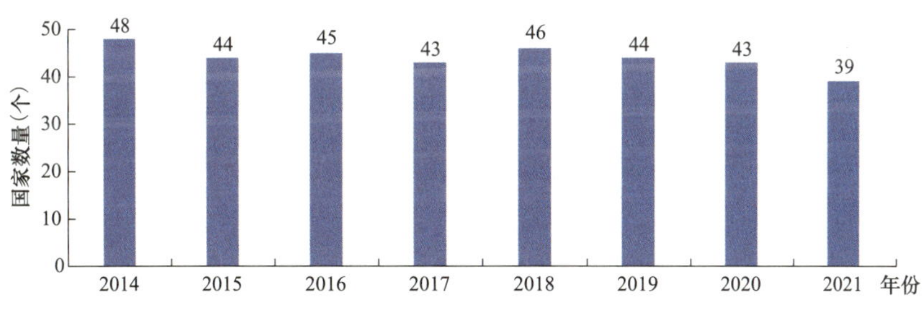

图 2-3　2014—2021 年全球创新 2500 强企业的国家分布情况

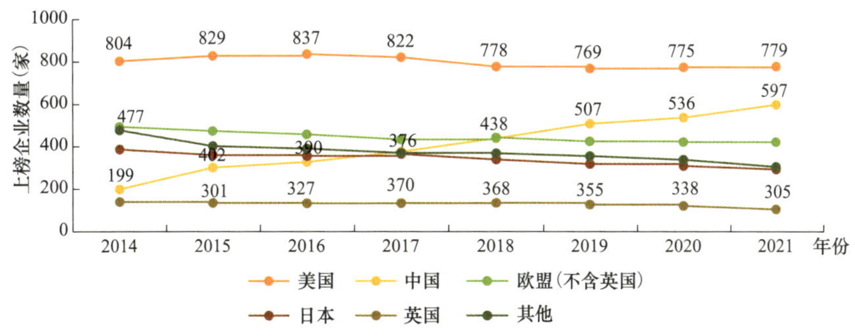

图 2-4　2014—2021 年全球创新 2500 强企业在重点国家或地区的分布情况

研发投入方面，2020年，美国、欧盟、中国与日本四大经济体领先企业研发投入合计占比高达85.8%，较2019年增长0.6%。其中，美国研发投入遥居全球首位，2020年达3436亿欧元，是欧盟的1.87倍，中国的2.44倍。在增长方面，受新冠病毒肺炎疫情影响，多数经济体研发投入出现小幅下滑，仅中国仍保持稳步提升，2020年研发投入达1410亿欧元，较2019年增长18.69%。2019年和2020年主要国家或地区创新领先企业研发投入规模见图2-5。

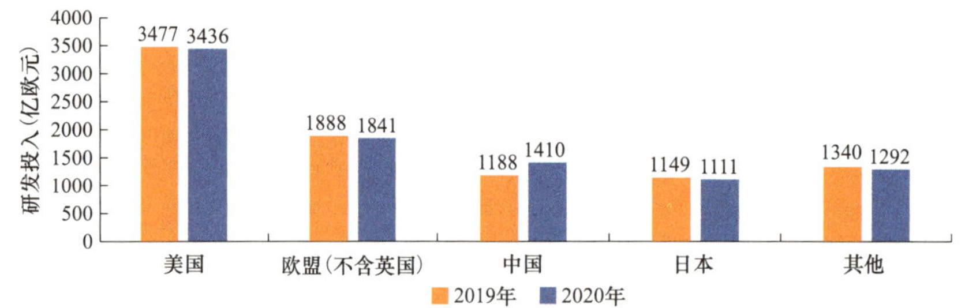

图2-5 2019年和2020年主要国家或地区创新领先企业研发投入规模

2.2.2 高收入经济体创新领先企业优势突出

规模方面，2021年，高收入经济体领先企业上榜数量1863家，对应2020年合计研发投入为7625亿欧元，分别为中低收入经济体的2.9倍与5.2倍，领先优势依然突出。占比方面，高收入经济体上榜企业数量与研发投入占比呈现下降趋势，近两年占比均下降2%。**强度方面**，2020年高收入经济体上榜企业平均研发投入强度达5.2%，较2019年的4.6%有显著提升，且远高于中等收入经济体3.4%的水平。**专利方面**，美国从1790年起共授权专利1000多万项，目前每年授权30多万项，国内、国外专利各占50%，国际化特征比较明显，近几年保持3%左右的温和增长率；欧洲专利局成立于1973年，2019年授权专利13万多项，欧洲专利数量虽然较少，但是近年来一直在大幅增长，2019年增长8%，其中，美国、日本、德国、法国、韩国和中国占比分别为25%、16%、16%、6%、5%和4%，欧洲专利局的44个成员国占比达45%，国际化特征明显；中国于1985年开始实施

专利制度，目前每年的发明专利授权数量达到了 40 多万项，授予国内的专利占 80%，授予国外的专利占 20%，本土特色极强，国际化程度不高，近年来保持 4%左右的温和增长率。高收入经济体创新 2500 强企业上榜数量与研发投入情况见图 2-6。

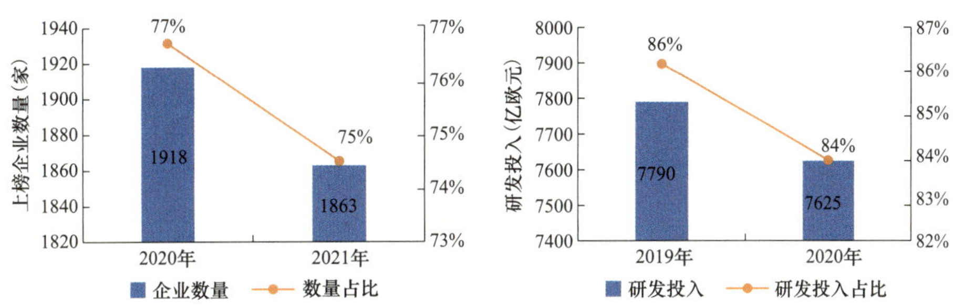

图 2-6　高收入经济体创新 2500 强企业上榜数量与研发投入情况

2.2.3　中等收入经济体领先企业呈现追赶趋势

中等收入经济体领先企业上榜数量与研发投入显著提升，2021 年上榜企业数量达 637 家，对应的 2020 年研发投入 1464 亿欧元，与上年度相比，两大指标的全球占比增长 2%。上述增长主要由中国企业创新带动，剔除中国企业后的其他收入经济体上榜企业数量与研发投入规模均出现小幅下降，近两年上榜企业数量由 46 家降至 40 家，研发投入由 64 亿欧元降至 54 亿欧元。除中国外，印度是中等收入经济体中领先企业上榜数量最多的国家，2020 年达到 25 家，占比为 62.5%。中等收入经济体创新 2500 强企业上榜数量与研发投入情况见图 2-7。

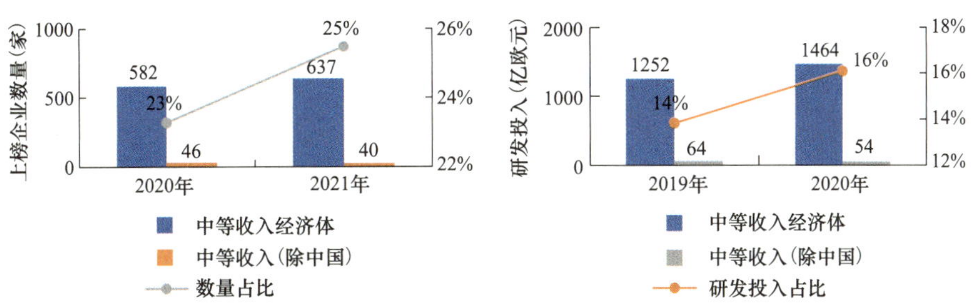

图 2-7　中等收入经济体创新 2500 强企业上榜数量与研发投入情况

2.3 创新领先企业产业格局

创新领先企业集中分布于ICT硬件、制药和生物技术、ICT服务、汽车及零部件四大前沿领域，在技术迭代与产业升级背景下，传统资本与资源密集型行业、传统服务与工业领域企业的创新需求日益迫切。

2.3.1 全球领先企业主要集中在前沿产业及数字化转型领域

全球创新领先企业集中布局于ICT硬件、制药和生物技术、ICT服务、汽车及零部件四大领域。2021年，上述四大领域上榜领先企业数量分别为458家、438家、324家与151家，合计占比高达54.8%。四大领域均呈现出强研发特征，2020年企业研发投入强度分别为7.4%、16.6%、12.4%与5.2%，远高于4.8%的全球平均水平，与行业产品较高的技术复杂度及较快的技术迭代速度密切相关。四大领域上榜企业资产规模与研发投入强度分布特征有所差异，其中，ICT硬件、汽车及零部件领域研发强度与资产规模呈现双高特征，且ICT硬件资产规模仍呈现高速增长趋势，2013—2020年增长119%，体现了先进制造领域创新的高复杂度与重资产特征。一方面，技术的快速迭代需要持续高强度的研发投入，另一方面行业的重资产特性需要高强度投资建设生产线才能形成有力的规模优势。制药与生物技术、ICT服务表现为高研发强度、低资产规模特征，且研发投入强度显著高于ICT硬件、汽车及零部件行业，这与制药与生物技术产品高复杂度、对适应症的强专属性特征，以及ICT服务行业的轻资产特性密切相关。2020年各行业创新领先企业研发投入强度与资产规模分布情况见图2-8。

传统服务与工业领域在数字化转型推动下研发投入强度增长迅速。模型左下方以工业工程、一般零售、个人消费品、媒体等行业企业为主，除工业工程外，其余行业均为轻工业、服务业等轻资产领域，呈现为低资产规模与低研发强度特点。左下方企业多数集中在工业工程领域，在智能制造转型

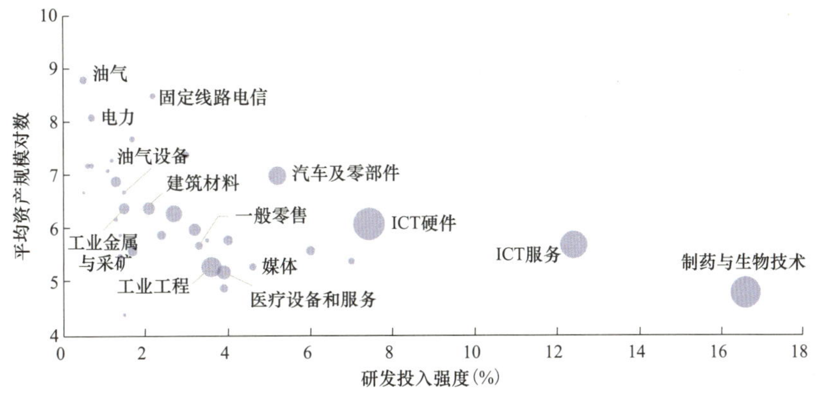

图 2-8　2020 年各行业创新领先企业研发投入强度与资产规模分布情况❶

背景下，企业平均资产规模与研发强度稳步提升，2013—2020 年分别累计增长 21.5%与 28.8%。在数字化浪潮下，一般零售与媒体行业加速转型，2013—2020 年平均研发投入强度分别累计增长 180.2%与 76.2%，远高于 50%的全球平均水平。行业的数字化转型趋势具体表现为线上零售平台与新媒体平台创新影响力的显著提升。2021 年美团、eBay、快手等线上平台企业创新排名显著提升，成为引领行业创新发展的重要力量，与此同时，麦德龙、玛莎百货与美国卫星广播公司等传统零售与媒体企业在全球创新的排名则显著下滑，2021 年玛莎百货排名甚至大幅下滑 876 位。一般零售行业上榜领先企业排名变化情况见表 2-2。媒体行业上榜领先企业排名变化情况见表 2-3。

表 2-2　　一般零售行业上榜领先企业排名变化情况

企业名称		2021 年排名	2020 年排名	排名变动
线上新零售	美团	120	158	38
	eBay	160	130	30
	拼多多	184	301	117
传统零售	麦德龙	846	764	-82
	约翰一路易斯	1019	779	-240
	玛莎百货	2148	1272	-876

❶ 气泡大小代表该领域上榜企业数量。

表2-3　　媒体行业上榜领先企业排名变化情况

企业名称		2021年排名	2020年排名	排名变动
新媒体	快手	203	—	—
	罗库公司	479	573	94
传统媒体	大日本印刷	535	502	-33
	美国卫星广播	738	640	-98

传统资本与资源密集型行业企业研发投入规模快速增长。多数行业上榜企业位于模型的左上方，以油气、电力、固定线路电信等领域为典型代表，依托资金与资源优势实现规模效应，产品成熟度相对较高，呈现为高资产规模与低研发投入强度特点。日益激烈的全球科技与产业竞争对传统领域转型提出要求，在低碳发展背景下，建筑与材料、金属与采矿业、油气等传统资金与资源密集型行业企业研发投入强度显著提升，2013—2020年分别增长104.8%、82.3%与50.0%。

2.3.2　各国领先企业主要集中在本国优势前沿产业

2020年，全球主要经济体创新布局保持相对稳定，四大经济体上榜企业重点布局ICT服务、ICT硬件、制药和生物技术、汽车及零部件四大前沿领域。美国领先企业主要分布于ICT服务、制药和生物技术、ICT硬件三大领域，合计占比高达80%，前七大领域占比高达91%，较2019年增长1%，集中趋势进一步强化。中国重点布局ICT硬件与ICT服务领域，2020年在制药和生物技术、ICT服务、建筑与材料、工业工程领域研发投入占比实现增长，分别为6%、17%、13%与6%，其中建筑与材料、工业工程研发投入增长显著，增幅分别为29.2%与27.0%，成为国内企业转型升级的重要体现。德国与日本仍以汽车及零部件作为支柱产业，受新冠疫情影响，汽车及零部件行业产业链、供应链面临严峻挑战，一定程度上削弱了领先企业的创新投入水平。此外，日本在软件服务领域的短板日益明显，2020年ICT服务研发投入37.9亿欧元，较2019年增长2.2%，但远低于全球8.0%的增长率，且在国内排名跌出前7，位列第9。2019年与2020年按经

济体和行业划分的企业研发投入占比情况见图 2-9。

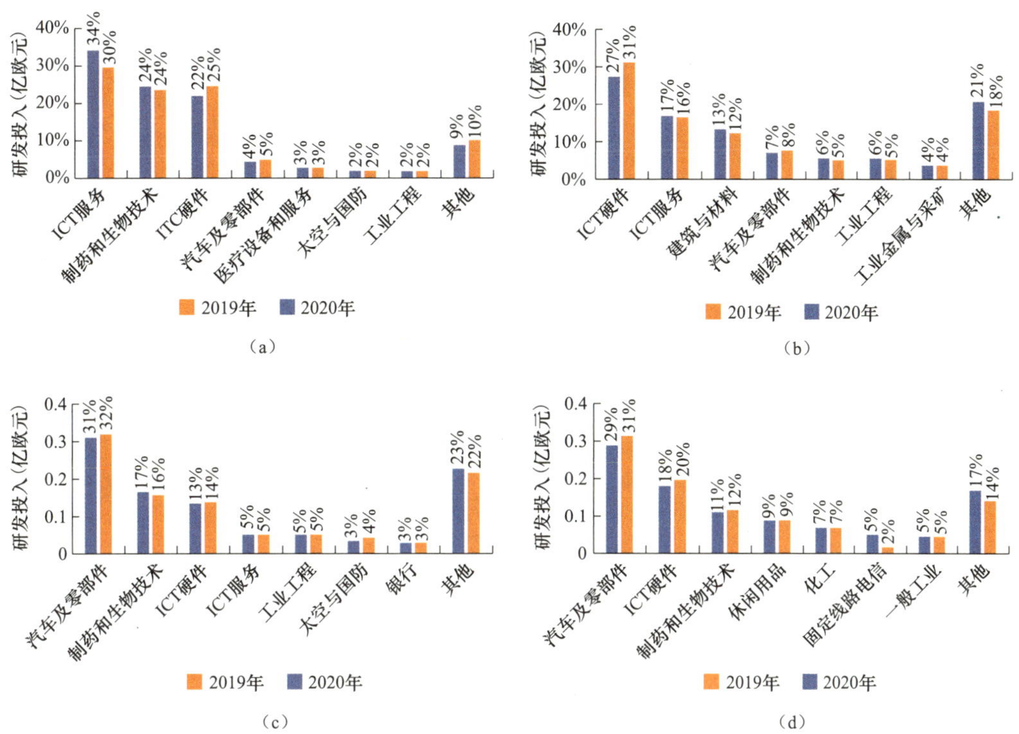

图 2-9　2019 年与 2020 年按经济体和行业划分的企业研发投入占比情况

(a) 美国（3436 亿欧元）；(b) 中国（1410 亿欧元）；

(c) 欧盟（1841 亿欧元）；(d) 日本（1111 亿欧元）

2.4　重点行业领先企业研发投入表现

ICT（ICT 硬件、ICT 服务）、生物医药、汽车及零部件是全球企业创新活动的主要聚集地，本节将围绕上述三大前沿重点领域，重点关注近年来全球领先企业的整体研发投入表现，以及中国领先企业创新发展整体现状。

2.4.1　ICT 领先企业瞄准数字化转型契机持续提升研发投入

全球 ICT 领先企业创新活力不断增强。全球信息技术创新进入新一轮加速期，云计算、大数据、物联网、移动互联网、人工智能、虚拟现实等新一代信息技术加快演进，叠加新冠病毒肺炎疫情改变办公方式与用户交互模式，新型数字技术需求广阔，推动全球ICT服务与ICT硬件领先企业持续加大投入力度。ICT服务行业方面，2017—2021年，全球上榜企业总量由269家增加至324家；对应的2016—2020年上榜企业研发投入总额由883亿欧元提升至1541亿欧元，占榜单所有企业研发总投入的比重提升5.1%；上榜企业研发投入强度由10.8%提高至12.4%，大幅领先榜单企业平均水平4.8%。ICT硬件行业方面，2017—2021年，全球上榜企业总数虽然由514家下降至458家，但对应的2016—2020年上榜企业平均研发投入却实现稳步提升，平均研发投入与平均研发投入强度分别由3.4亿欧元、6.9%提升至4.5亿欧元、7.4%。2016—2020年全球ICT行业上榜企业研发投入总额及占比见图2-10。

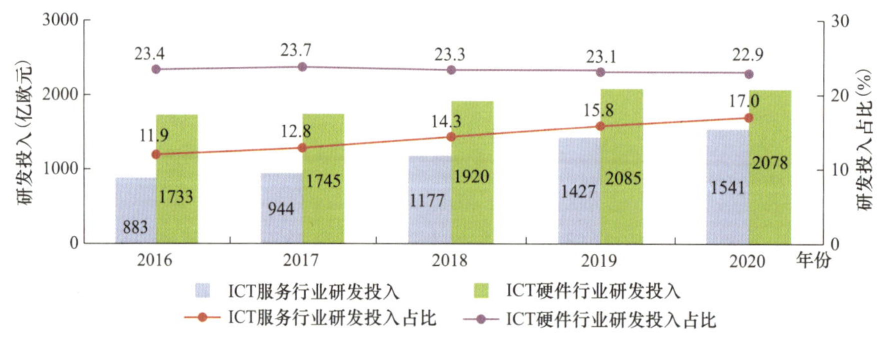

图2-10　2016—2020年全球ICT行业上榜企业研发投入总额及占比

中国ICT行业创新能力不断加强，但部分关键指标仍需提升。在数字中国国家战略引导下，中国社会数字化转型持续深入推进，ICT行业创新投入力度不断增强。其中，2017—2021年，中国ICT服务、ICT硬件行业企业上榜全球创新2500强的数量分别由36家、99家增长至72家、129家；对应的2016—2020年行业上榜企业研发投入总额分别由58.7亿欧元、210亿欧元上升至237.2亿欧元、385.3亿欧元，占全球行业上榜企业研发总投入的比重分别由6.6%、17.2%提升至15.4%、18.5%。服务领域，中国ICT服务行业头部企业[1]不断增加研发投入规模，并持续通过兼并重组等方

[1] 本文中，中国、全球行业创新头部企业分别指中国、全球创新2500强上榜企业中，行业排名前10%的企业，下同。

式进一步巩固自身创新优势地位，推动国内 ICT 服务行业研发资源持续向头部企业集中，行业研发投入集中度[1]由 2016 年的 62.6%上升至 2020 年的 72.6%，接近全球行业整体水平。但中国 ICT 服务领先企业与全球领先企业研发投入强度差距仍然明显。2016—2020 年，中国 ICT 服务行业上榜企业平均研发投入强度由 9.7%滑落至 9.5%，而同时间段全球行业平均水平则由 10.8%提高至 12.4%。硬件领域，中国 ICT 硬件行业头部企业高度重视创新驱动，2016—2020 年头部企业平均研发投入强度始终高于全球行业头部企业平均值，但领先差距由 2017 年的 2.5%下降至 2021 年的 0.4%。2016—2020 年中国 ICT 行业上榜企业研发投入额及行业占比见图 2-11。中国、全球 ICT 硬件行业领先企业平均研发投入强度见图 2-12。2016—2020 年中国、全球 ICT 服务行业领先企业研发投入强度见图 2-13。

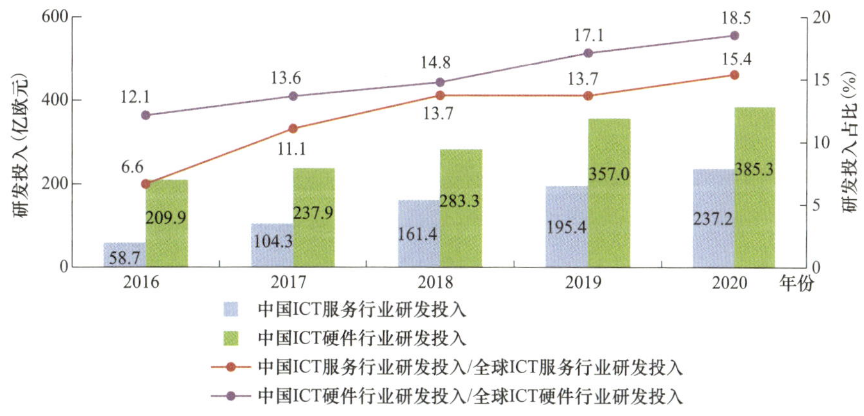

图 2-11　2016—2020 年中国 ICT 行业上榜企业研发投入额及行业占比

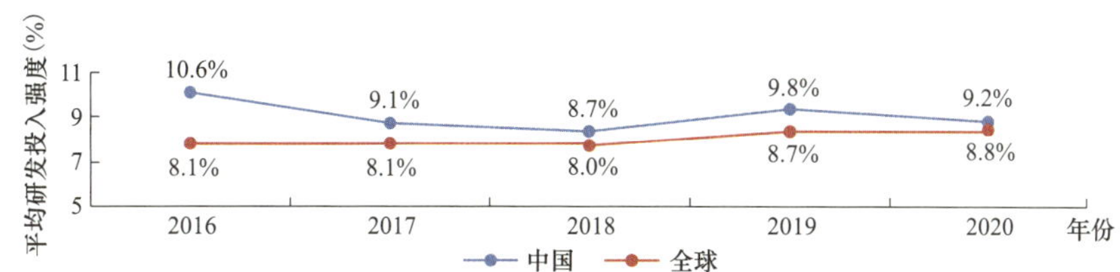

图 2-12　2016—2020 年中国、全球 ICT 硬件行业领先企业平均研发投入强度

[1] 本文中，行业研发投入集中度=行业前 10%创新 2500 强上榜企业研发投入总额/行业创新 2500 强上榜企业研发投入总额，下同。

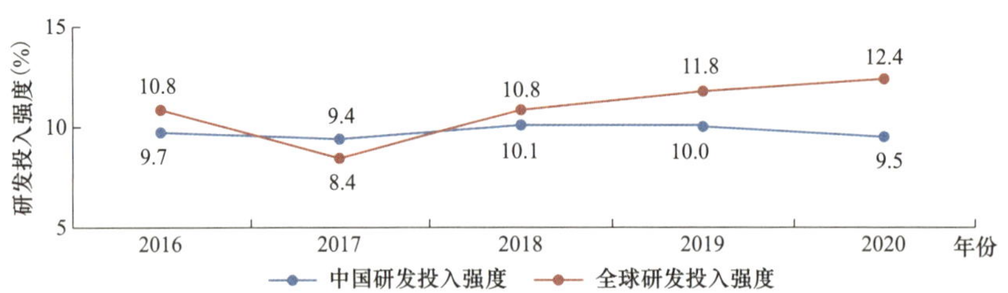

图 2-13　2016—2020 年中国、全球 ICT 服务行业领先企业研发投入强度

2.4.2　制药和生物技术领先企业提升创新能力应对全球疫情

全球制药和生物技术行业企业加速创新发展。随着人类生活水平与对自身健康关注度的不断提升，全球制药和生物技术行业的市场规模不断扩大，推动行业领先企业持续加大研发投入力度以增强市场竞争力。2017—2021 年，全球创新 2500 强上榜企业数量由 399 家大幅增加至 438 家；对应的 2016—2020 年上榜企业研发投入总额由 1441 亿欧元提升至 1709 亿欧元；上榜企业平均研发投入由 3.6 亿欧元增长至 3.9 亿欧元；研发投入强度由 15.1%上升至 16.6%，相较全球创新 2500 强企业平均研发投入强度的领先优势由 11%上升至 11.8%。2016—2020 年全球制药和生物技术上榜企业数量及研发投入强度见图 2-14。

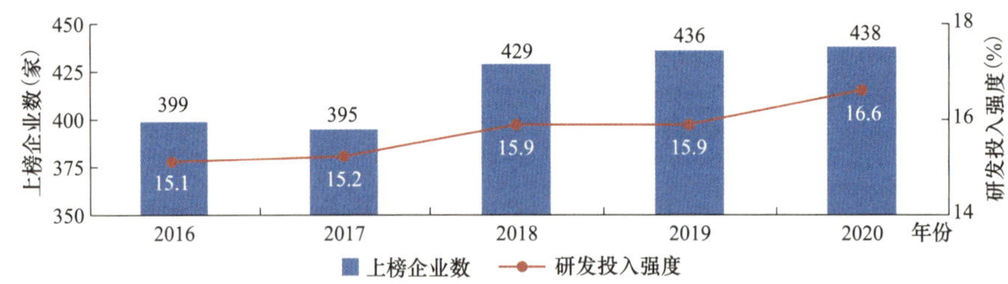

图 2-14　2016—2020 年全球制药和生物技术上榜企业数量及研发投入强度[1]

中国制药和生物技术行业企业创新成效显著，但短板问题仍需加快补齐。制药和生物技术产业是我国重点大力发展的战略性新兴产业，处于加速追赶期，2017—2021 年，上榜全球创新 2500 强企业数量由 30 家大幅增加

[1] 上榜企业数量为对应的 2017—2021 年《全球创新指数（GII）》榜单排名数据。

至65家，占全球制药和生物技术行业上榜企业的比重由7.5%提升至14.8%；对应的2016—2020年的研发投入总额由1724亿欧元增加至7874亿欧元，占全球制药和生物技术行业上榜企业研发总投入的比重由1.2%上升至4.6%，研发投入年均增长速率达到46.2%，较全球行业整体水平领先4.4%。2020年以来，在严峻复杂的新冠病毒肺炎疫情背景下，我国制药和生物技术行业企业对研发重视程度进一步提升，上榜企业数量与上榜企业的行业研发投入占比较2019年分别增加了17家与1%，增幅显著。但与全球制药和生物技术领先企业相比，我国仍需着重解决研发投入强度低下、研发投入分散与头部企业创新投入力度不足等短板问题。研发投入强度上，我国制药和生物技术上榜企业的整体研发投入强度虽由2016年的2.2%持续提升至2020年的6%，但仍显著落后于全球行业16.6%的平均水平；研发投入分布上，2020年我国前10%的行业头部企业的研发投入占比仅为37.8%，显著低于全球行业头部企业76.2%的占比，行业研发投入集中度仍然较低，头部引领能力有待提升；头部企业创新投入上，2020年我国行业头部企业的平均创新投入为4.3亿欧元，仅占全球行业头部企业平均值的14%，研发投入力度不足进一步制约市场竞争力提升，国内行业头部企业平均营业利益率仅为-0.1%，大幅落后于全球行业头部企业平均营业利益率18.1%。2016—2020年中国、全球制药和生物技术上榜企业创新投入集中度见图2-15。

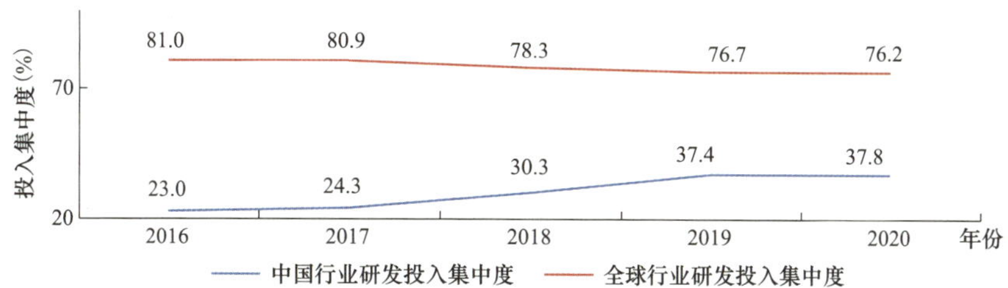

图2-15 2016—2020年中国、全球制药和生物技术上榜企业创新投入集中度

2.4.3 汽车及零部件领先企业加强创新应对全球供应链冲击

全球汽车及零部件领域企业研发投入强度稳步增长。在全球碳中和、数

字化发展背景下，新能源汽车、车联网、自动驾驶已成为汽车及零部件行业的新发展趋势，造车新势力不断涌现，传统车企普遍寻求通过技术创新实现转型升级，持续加大研发投入力度，推动全球汽车及零部件行业整体创新动能不断增强。2016—2020 年，全球创新 2500 强上榜车企的研发投入总额、平均研发投入、研发投入强度分别由 1142 亿欧元、7.1 亿欧元、4.4%提升至 1250 亿欧元、8.3 亿欧元、5.2%。值得关注的是，2020 年全球领先车企普遍将加大创新力度作为应对新冠病毒肺炎疫情冲击、供应链停摆等全球性问题与改善经营困境的关键举措，虽然整体研发投入总额有所降低，但整体研发投入强度提升至 5.2%，为 2016—2020 年的最高值。2016—2020 年全球汽车及零部件行业上榜企业研发投入强度见图 2-16。

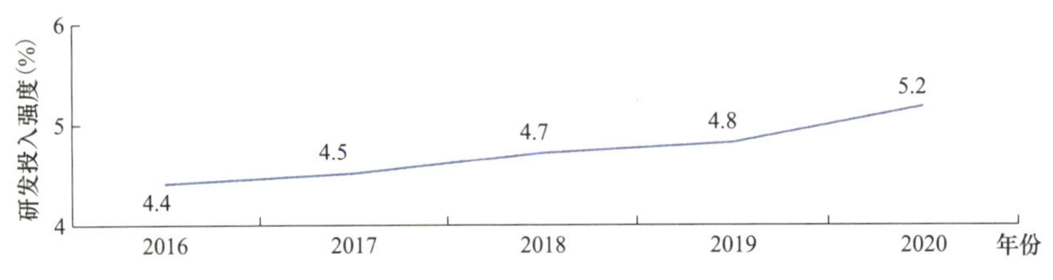

图 2-16　2016—2020 年全球汽车及零部件行业上榜企业研发投入强度

中国车企研发投入持续提升，但头部企业与全球领先水平差距仍然显著。纵向视角上，中国汽车及零部件行业领先企业愈发重视通过科技转型抢占未来产业制高点，整体创新投入水平不断上升。2016—2020 年我国汽车及零部件行业上榜企业数量从 34 家增长至 36 家；研发投入总额从 54 亿欧元持续提升至 99 亿欧元，占全球汽车及零部件行业上榜企业总研发投入的比重由 4.7%大幅提升至 7.9%。横向视角上，我国汽车及零部件行业创新发展水平与国外领先水平仍存在较大差距，主要体现在整体研发投入强度偏低、头部企业创新投入力度不足两方面。2020 年，我国汽车及零部件行业企业整体研发投入强度仅为 4.1%，落后于 5.2%的全球平均水平；汽车及零部件行业头部企业平均研发投入与平均研发投入强度分别仅为 9.8 亿欧元、3.1%，均显著低于全球汽车及零部件行业头部企业两项指标的平均值 56.2 亿欧元、4.9%。中国、全球汽车及零部件行业创新头部企业平均研发

投入见图 2-17。

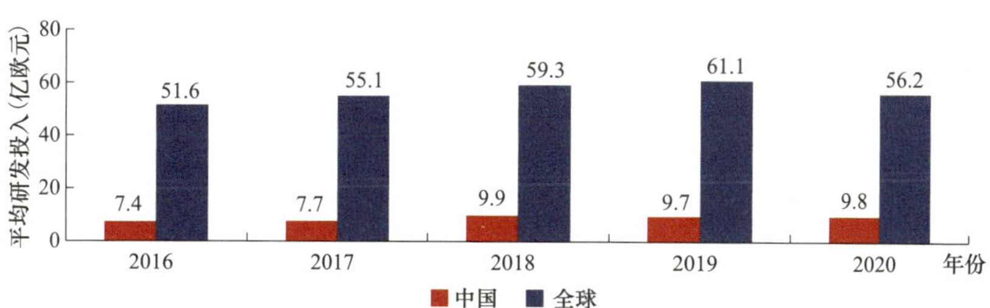

图 2-17　中国、全球汽车及零部件行业创新头部企业平均研发投入

2.5　小结与展望

受新冠病毒肺炎疫情影响，全球领先企业研发投入增速放缓，但净销售额占全球 GDP 的比重及研发投入强度显著提升，仍是全球经济与创新的中坚力量。在国家分布上，创新领先企业主要来源于少数高收入经济体，虽然中低收入经济体企业研发投入总额与高收入经济体差距逐步缩小，但研发投入强度差距逐步拉大，主要由于高收入经济体领先企业营收规模大幅下滑。在产业布局上，传统资本与资源密集型行业、传统服务与工业领域的转型压力也倒逼企业加强创新，ICT 服务、ICT 硬件、制药和生物技术、汽车成为疫情下创新的重点方向。在重点行业创新表现上，全球 ICT 服务、ICT 硬件、制药和生物技术、汽车及零部件行业的创新领先企业上榜数量、研发投入总额、创新投入强度等关键创新指标持续提升，中国行业领先企业的创新能力不断增强，但与全球头部水平仍存在较大差距。

第 3 章

领先企业创新发展实践

企业是科技创新的重要实施主体，也是集聚科技创新要素的天然载体，企业创新发展是支撑国家战略科技力量建设、提升产业竞争力、实现科技自强自立的重要手段。在新冠病毒肺炎疫情冲击、绿色低碳转型与数字技术融合的时代背景下，全球产业分工格局加速重构、数字化与低碳化转型加快推进，对企业创新提出新要求。ICT、生物医药、汽车、智能制造等前沿领域日益成为创新发展的重点方向，以电力行业为代表的传统工业领域也在转型压力驱动下加强创新。本章立足当下的创新大环境，结合创新 2500 强企业布局特征，以及我国振兴制造业的产业发展导向，聚焦五大重点领域，追踪领先企业创新实践。

3.1　企业样本选择依据

3.1.1　研究领域选取标准

报告从全球创新环境、全球企业创新布局与国内创新导向三大维度出发，选取 ICT 行业、生物医药、汽车及零部件行业、电力行业与智能制造等五大创新重点领域，跟踪研究企业创新实践。创新重点领域筛选标准见图 3-1。

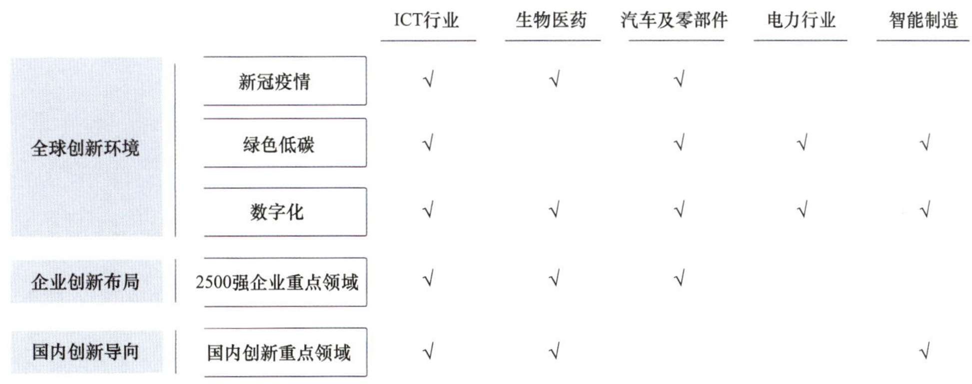

		ICT行业	生物医药	汽车及零部件	电力行业	智能制造
全球创新环境	新冠疫情	√	√	√		
	绿色低碳	√		√	√	√
	数字化	√	√	√	√	√
企业创新布局	2500强企业重点领域	√	√	√		
国内创新导向	国内创新重点领域	√	√			√

图 3-1　创新重点领域筛选标准

全球创新环境方面，新冠病毒肺炎疫情冲击、绿色低碳发展与数字技术渗透成为当下全球创新的时代背景，三重因素叠加倒逼企业加速核心技术攻关，推动内部管理升级与商业模式创新。报告以把握全球创新主流趋势为方向，重点关注与三大要素密切相关的行业领域。一是聚焦新冠病毒肺炎疫情背景下，以生物医药、制造业等行业为代表，在应对全球重大公共卫生问题、全球产业格局调整与供应链安全挑战的创新实践；二是关注绿色低碳要求下，能源电力、汽车等高碳排放行业企业的升级迭代路径；三是跟踪数字化加速融合趋势下，企业在产业数字化与数字产业化的布局方向。

企业创新布局方面，ICT、生物医药、汽车及零部件行业仍是全球领先企业创新的重点领域，2020 年研发投入在全球创新 2500 强企业中占比高达 72.4%，且占比仍在持续提升。作为企业创新最活跃的前沿领域，在反映企业创新趋势方面，具有较强代表性。

国内创新导向方面，为应对关键核心技术受制于人、技术供给能力与推动高质量发展之间的供需结构性矛盾、供应链安全等挑战，我国实施关键核心技术攻关工程，强调加快突破“卡脖子”技术瓶颈，统筹“补短板、锻长板”，提升产业核心竞争力。一方面，以高端制造支撑经济高质量发展，持续加强技术研发，提高国产化替代率；另一方面，国内对生物医药创新关注度显著提升，2022 年出台首部《“十四五”生物经济发展规划》，提出将生物医药作为四大重点领域之一，增强生物医药高端产品及设备供应链保障水平，打造国内高质量发展的强劲动力。

3.1.2 领先企业选取标准

以对标世界一流水平，立足国内创新进展为原则，从全球创新环境、全球企业创新布局与国内创新导向三大维度出发，综合选取行业创新领先企业。全球创新环境方面，参考全球创新 2500 强排名，选取在特定行业领域排名靠前的领先企业，如华为、谷歌、罗氏等。全球企业创新布局上，一方面，关注行业关键领域龙头企业，如 ICT 行业选取全球最大的半导体设备

制造商 ASML；另一方面，关注代表行业创新趋势的领先企业，如特斯拉在新能源汽车的领先地位，谷歌在引领行业数字化发展中的突出贡献等。国内创新导向方面，以代表国内创新水平与创新方向为标准，筛选领先企业，探索契合中国企业的创新路径，如华为、恒瑞医药、广州汽车等。

3.2　ICT 行业企业创新实践

ICT 行业覆盖了所有通信设备或应用软件以及与之相关的各种服务和应用软件，是推动数字经济快速发展的核心动力，也是全球领先企业研发投入的重点领域。一方面，在新冠病毒肺炎疫情冲击与绿色低碳发展主题下，行业企业面临技术封锁、全球供应链短缺与能源效率提升等挑战，需持续通过理论与前沿技术突破、流程优化以及管理提升，抢占发展制高点；另一方面，5G、大数据、云计算、工业互联网、人工智能等技术发展引领新一轮科技革命和产业变革，在推动数字化、网络化、智能化发展中发挥重要作用。

加强基础研究与前沿技术研发，构建未来发展竞争力。ICT 行业经过 50 年高速发展，芯片加速进入亚纳米时代，摩尔定律不再适用，编码算法也在逐步触及香农定律理论极限，产业发展触及技术天花板。在此背景下，ICT 领先企业加快寻求理论突破，通过重新定义技术架构、产品架构与产业方向，拓展未来发展空间。与此同时，在数字经济带动下，领先企业重点以人工智能关键技术为新一轮产业变革的核心驱动力，通过加快人工智能技术创新步伐，加速新模式、新产品、新业态和新产业布局，在智能化时代抢占发展制高点。

推动行业数字化、低碳化转型，打开增量发展空间。数字化和低碳化是当今世界的两大重要课题，随着 5G、大数据、人工智能、云计算等技术的日益成熟，提供行业数字化转型技术解决方案，促进各行各业低碳发展，成为 ICT 龙头企业增量业务拓展的重要方向。在数字化转型方面，各行业企业将数字化作为应对市场挑战的核心手段，日益关注协同研发设计、无人智能巡检、数字工厂、智慧矿山等新场景、新模式、新业态，加速探索跨行业、跨地区的技术应用落地。在低碳化发展方面，ICT 行业企业一方面关注提升自身能源利用效率及智能化运维能力，另一方面通过技术输出、提供行业数字化转型解决方案，在可持续发展中扮演重要角色。根据全球电子可持续发展倡议组织（GeSI）发布的《SMARTer2030》报告显示，到 2030 年，ICT 技术将通过赋能其他行业，帮助减少全球碳排放的 20%。

持续升级供应链管理与生产能力，应对芯片短缺及全球突发事件冲击。当下的半导体供应链全球性分布特征明显，芯片设计、制造、封装和终端应用公司所处的地域跨越全球。在新冠病毒肺炎疫情冲击、技术封锁、缺芯危机三重因素叠加下，全球 ICT 硬件企业面临供应链大考，半导体行业将会出现结构性剧烈波动，从供给不足转向供给过剩，具体来说，消费类芯片供给过剩，工业类和汽车类等高端芯片供给不足。因此，加强业务连续性管理，推进生产能力升级成为企业管理提升的重心。行业企业通过建立业务连续性管理（BCM）体系及突发事件应急预案，在识别潜在的危机和影响基础上，制定响应与恢复计划，提升企业应对风险及突发事件的能力。

本节选择荷兰阿斯麦尔（ASML）公司、中国华为公司和美国谷歌公司为例，透视全球 ICT 行业顶尖企业的创新趋势和实践做法。

3. 2. 1 ASML 加速产能扩张与技术迭代，应对行业发展需求

ASML 是全球最大的半导体设备制造商之一，向全球复杂集成电路生产企业提供领先的综合性关键设备。作为全球唯一拥有 EUV（极紫外光刻）技术的光刻机供应商，ASML 凭借在芯片制造核心装备的领先优势，成为芯片技术突破与芯片短缺问题的重要推动力量。ASML 长期以来以降低芯片工艺临界尺寸为目标，聚焦 EUV 光刻机的升级迭代和创新，同时为了应对近年芯片供应持续短缺的影响持续扩张生产能力。2021 年 ASML 的研发支出为 25.5 亿欧元，较 2020 年增长 3.5 亿欧元，增量部分主要投资用于继

续加强 EUV 的大批量生产，以及 EUV 0.55 NA（高 NA）的开发。2020—2021 年 ASML 研发投入情况见图 3-2。

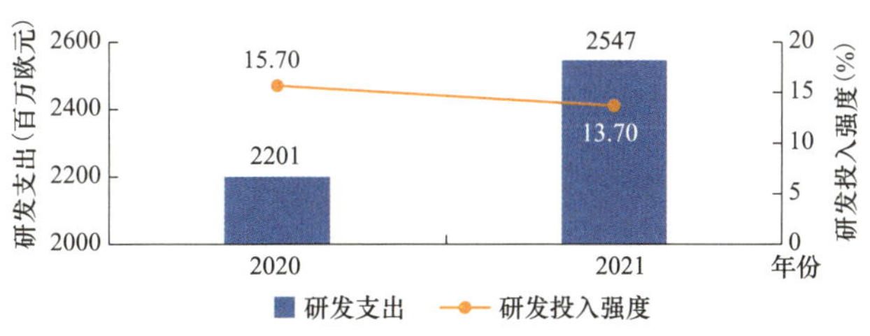

图 3-2　2020—2021 年 ASML 研发投入情况

加速新一代 EUV 光刻机研发，进一步降低芯片工艺的临界尺寸。光刻机作为芯片制造的关键设备，其技术迭代需与芯片制程工艺相匹配。在芯片制造技术高速更新迭代的背景下，下一代 2nm 的芯片制程工艺对光刻机提出要求，推动 ASML 加速新一代 EUV 光刻机研发。ASML 已开启首个 High-NA 光刻系统的生产，并与比利时微电子研究中心（IMEC）组建 imec-ASML 联合 High NA 实验室，在开发图案化和蚀刻工艺、筛选新的光刻胶和底层材料、改进计量和光掩模技术方面取得突破。光刻机的升级迭代为系统性工程，全新的系统需要新设备、新光掩模和高端光刻胶材料等技术的支持，ASML 通过深化与供应链企业的协同创新，加速攻克技术瓶颈，如与蔡司共同研发 High-NA EUV 的变形镜头，解决晶圆最大曝尺寸过小的问题；与东京电子合作研发新一代 EUV 光刻机的镀膜、显影技术，从而推动下一代 NA EUV 光刻机的生产。

积极加快生产能力升级，应对芯片短缺问题。数字化转型和当前的芯片短缺导致芯片需求飙升，为了满足客户对额外晶圆产能的需求，ASML 通过扩大产能、加强人员支持、调整验收测试节点等方式，加速产品供给。在扩大产能方面，为更好地服务亚洲市场，2022 年 ASML 宣布扩建新加坡工厂，预计将新加坡的产能提升 3 倍，并重点关注供应链瓶颈，与供应链合作伙伴商讨共同增加产能。在人员招聘方面，2022 年 ASML 加大人员招聘规模，预计 2022 年末员工总数相比 2020 年末增加近 30%，全球员工总数将达

35 000人。在供货流程设计上，通过提前发货，将正常的工厂验收测试（FAT）环节设置在客户工厂完成，加快产能供给。通过上述举措，2022年ASML预期将EUV出货量由45～50台提升至55台，且到2025年将保持持续增长状态，同时增加50%的DUV产能。

通过技术升级与流程优化，提高能源效率。在技术方面，EUV的激光等离子体技术需要较高的电能输入，成为ASML产品能效战略的重点。ASML制定了EUV能效路线图，明确降低系统总体能耗与单一曝光晶圆平均能耗两大目标，提出到2025年，新一代EUV系统在生产效率提高的基础上，总体能耗降低10%，单一曝光晶圆的平均能耗降低60%。其中，ASML在总体能耗上，强调EUV光源能耗的降低及冷却水策略的优化；在单一曝光晶圆平均能耗上，关注提升电能到EUV光的转换效率，同时优化序列、控制方案和其他组件。在流程优化方面，2021年，ASML将再利用纳入产品生成过程（PGP），关注可靠性、可访问性、可替换性、可修理性和可再制造性五大要素，从而使零部件在全产品生命周期中得到复用。此外，ASML与客户和供应商合作制定了致力于减少浪费的路线图，在价值链中尽可能地重复使用零部件、工具和包装，以防止浪费。

3.2.2 华为技术与管理创新双轮驱动，应对技术封锁

华为创立于1987年，是全球领先的ICT基础设施和智能终端提供商，也是全球通信技术领域中最具竞争优势的中国企业。近年来，在贸易摩擦、新冠病毒肺炎疫情等严峻的外部环境和非市场因素挑战下，叠加5G、边缘计算、人工智能、AR/VR等新技术带来的创新变革与挑战，华为以基础创新拓展发展空间，以数字化赋能深化ICT技术行业应用，加强业务连续性管理应对全球供应链不确定性，保持企业的健康、持续发展。

持续推进系统性工程创新，突破产业发展瓶颈。信息技术领域经过近几十年的快速发展，已经达到瓶颈，一方面，信道容量已经接近瓶颈，无线通信面临高频、超大带宽、超高速等重大技术挑战，另一方面，数字化背景下

急剧增加的算力需求也对基础软件的技术体系发出挑战。为应对上述挑战，华为增加根技术的战略投入，从理论、架构与软件三大模块出发，重构技术底座。**在基础理论层面，**华为一方面持续探索新一代 MIMO 和无线 AI 等理论与技术进一步提升无线设备的收发效率，另一方面尝试从语义通信方向突破和超越香农理论框架，以获取更广阔的发展空间。**在架构层面，**华为致力于通过光电融合技术应对无线超高频、超大带宽、超高速等通信问题；计算架构方面解决当前“AI、大数据应用蓬勃发展，而传统计算架构仍以 CPU 为中心”这一矛盾，尝试将 CPU 框架升级为对等架构[1]，让更擅长运行 AI 软件的 GPU、NPU 等主芯片充分发挥效用，支撑大量的 AI 软件运行。**在软件层面，**为突破卡脖子问题，同时匹配鲲鹏和昇腾等具有独立知识产权的计算硬件，华为梳理了基础软件的技术体系，实现了以 AI 为中心的全栈软件重构，如在操作系统方面，通过欧拉和鸿蒙充分释放鲲鹏和昇腾中的计算硬件潜能。

赋能行业数字化转型与绿色低碳发展。国家推动数字化转型与低碳发展，为华为 ICT 技术应用提供新的增长点。2021 年，华为在整体营业收入同比下降 28.6％的背景下，以数字化转型、绿色低碳发展为重点的企业业务需求同比增长 2.1％，是三大核心业务中唯一实现增长的模块。数字化转型方面，2021 年，华为 5G 行业技术解决方案在制造、矿山、钢铁、港口、化工、水泥、电网和医疗等 8 个典型的应用场景实现规模化复制，通过提供设备远程操控、数据采集、产品质量检测等，实现数字技术与行业知识深度结合。如在智慧港口建设上，基于 AI 的“智能水平运输系统”，协同岸桥、场桥、锁站等自动化设备，提升天津港调度水平，作业效率较传统码头提高 20％；在中东区域首次实现智慧油气田解决方案海外商用，承载油气田安防预警和应急业务，推动油气田数字化转型。在低碳发展的应用上，一方面，投资创新节能技术，促进 ICT 行业自身低碳发展，如在迪拜构建数据中心叠光叠储系统，利用可再生能源，减少年碳排放量约 5％。另一方面，提出

[1] 资料来源：华为投资控股有限公司 2021 年年度报告。

系统性绿色解决方案，支持各行各业通过数字化促进低碳发展，如为哈尔滨太平供热公司提供智慧供热系统，通过按需供热，平均能耗降低超过10%；在上海体育场改造项目上，通过园区能效管理实现场馆绿色节能约15%。2020年、2021年华为各板块业务收入与增长情况见图3-3。

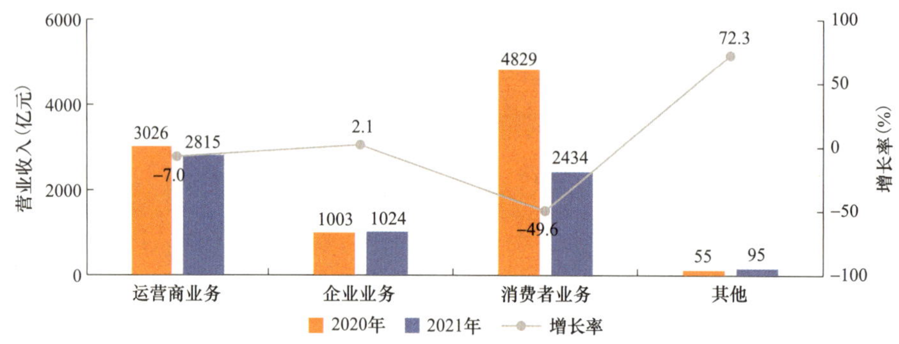

图3-3　2020年、2021年华为各板块业务收入与增长情况❶

加强业务连续性管理，应对全球突发事件冲击。新冠病毒肺炎疫情冲击、技术封锁、芯片供应链问题叠加背景下，华为在供应连续性方面持续承受高压，通过建立业务连续性管理（BCM）体系及突发事件应急预案，提升企业应对风险及突发事件的能力。一方面，在研发和采购环节强调多元化方案、分场景储备与供需能力可视。在新产品设计阶段即提供从原材料级、单板级到产品级的多元化供应方案，避免独家供应或单一地区供应风险，量产阶段组织建立从原材料、半成品到成品的合理安全库存，并通过IT系统实现需求预测与供应监测。另一方面，在制造供应环节强调供应备份与全生命周期备件储备。坚持自制与外包并重，与多家电子制造服务商（EMS）建立了长期战略伙伴关系，形成了备份单板制造供应能力；建立深圳、欧洲、拉美与迪拜四大全球供应中心，备份整机制造供应能力；从产品全生命周期视角进行备件储备，停产前分别按市场需求历史用量滚动进行备件储备，停产后按全生命周期预测一次性做足备件储备，确保客户现网设备运行的连续性。

❶ 数据来源：华为投资控股有限公司2021年年度报告。

3.2.3　谷歌凭借强大 AI 实力，全面进军新兴产业

谷歌是全球最具创新影响力的科技型企业之一，也是全球最大的搜索引擎公司，在推动数字技术发展，加快业务数字化、智能化转型中扮演重要角色。2021 年谷歌母公司 Alphabet 以 224.7 亿欧元研发投入连续第三年居全球创新 2500 强企业首位，并在 2022 年福布斯《全球最大科技公司榜单》排名第二。谷歌目前业务范围涵盖互联网广告、互联网搜索、云计算等领域，其中主要利润来自广告服务。在广告业务市场增速放缓的背景下，谷歌持续发力 AI 技术，以智能化赋能传统业务，拓展企业下一增长点。2017 年谷歌将未来发展战略从 Mobile First 调整为 AI First，以广告业务为基础发展 AI 技术和云计算技术，通过提供资金及新兴业务的孵化器和试炼场，实现 AI 技术赋能业务，业务反向推动 AI 技术升级的动态循环。2015—2020 年谷歌母公司 Alphabet 的研发投入情况见图 3-4。

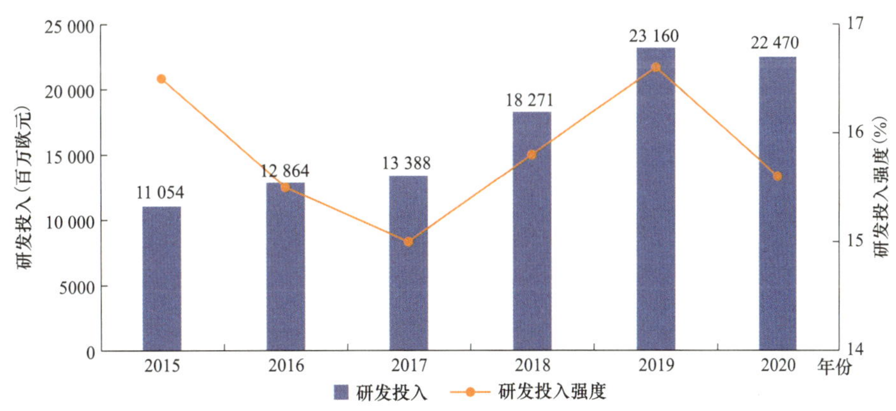

图 3-4　2015—2020 年谷歌母公司 Alphabet 的研发投入情况

持续加强人工智能基础研究。谷歌在人工智能领域的综合实力居全球第一梯队，在 AI 研发人员、学术论文数量等方面均处于行业领先水平。谷歌聚焦无监督学习、AutoML（自动机器学习）、机器感知三大领域的基础研究，持续推进算法模型优化与运算效率提升。在算法模型方面，谷歌基于 Transformer 持续构建功能更强大、更通用的机器学习模型（ML），如谷歌

开发了名为 SimCLR 的自监督和半监督学习技术；提出可进行开放式对话的 LaMDA 模型以及全新的多任务统一模型 MUM；推出 CvxNet、3D 形状的深层隐式函数、神经体素渲染和 CoReNet 等机器感知领域的算法模型。在效率提升方面，参数规模和数据量的扩大，对模型的训练效率提出了新的挑战，谷歌重点发力加速芯片、编译器、模型架构和算法的研究。如在硬件设计上使用 ML 加速各种计算机芯片的设计，新发布的 TPUv4（第四代定制 AI 芯片）较上一代性能提高 2.7 倍，支持超大模型的训练；推出基于 XLA 编译器的自动并行化系统 GSPMD，实现在 150 种模型上性能全面提高 5%～15%；利用神经架构搜索（NAS）开发更高效的架构——Primer，可降低训练成本。

深化 AI 产业化和产业智能化。谷歌凭借人工智能领域的底层技术优势，打造贯穿谷歌搜索、广告、云计算、自动驾驶、医疗保健及其他创新业务的 AI 生态，在推动传统业务升级的基础上，寻找具有全球市场空间，并在发展过程中能充分利用人工智能优势的领域。在 AI 产业化布局思路上，一是利用神经网络算法和机器学习技术推动谷歌传统业务服务升级，如谷歌借助 LaMDA、MUM 等算法优化用户搜索效率，运用 AI 技术在 Gmail 中过滤垃圾邮件、优化目标广告，推出了进阶的图像识别应用 Google Lens，并将 AI 理念渗透到了 Android 系统中。二是充分运用 AI 技术持续发力云计算、自动驾驶与医疗保健等高成长性领域，培育业务新增长点。在全球数字化趋势下，谷歌依托在 AI 技术、平台化运营等领域的积累，开发智能云服务产品，加速云业务的差异化发展。2021 年谷歌云营收同比增长 54%，市场占比 8%，在前三名云服务提供商中增速领先。在自动驾驶领域，2021 年谷歌旗下的自动驾驶公司 Waymo 在美国旧金山推出自动驾驶出租车的试运营，并启动 Trusted Tester 的研究计划，通过用户参与反馈计划来改进服务，加速自动驾驶的商业化进程。在医疗保健领域，2021 年谷歌母公司 Alphabet 成立 AI 驱动药物发现公司 Isomorphic Labs，旨在将智能 AI 的深度学习方法应用于药物发现。

3.3　生物医药企业创新实践

新冠病毒肺炎疫情蔓延提高了全球范围内对生物医药创新的关注度，数字技术的加速渗透在推动生物医药研发、生产与流程全环节中发挥重要作用。生物医药行业涵盖药物与医疗器械的研发、生产、商品流通、相关医疗技术及配套服务，被称为“永不衰落的朝阳产业”，具有产品专属性和复杂性高、创新确定性低、资本密集程度高的特点，对企业创新实力、资金实力与研产销一体化的整合能力提出了更高要求。为应对创新的高投入、高风险、长周期特征，生物医药企业采取多研发管线梯次并行模式，支持拳头产品可持续迭代，并在加强研发投入基础上，以数字化技术赋能提升研发效率，以合作研发、投资并购等方式增强研发实力、分散创新风险。

重视研发投入，加速前沿领域技术突破与产品布局。高技术的行业属性决定产品创新成为医药企业持续发展和获取高收益的关键，生物医药企业普遍实行产品领先战略，持续加大研发投入，以多研发管线并行支撑拳头产品迭代。在研发投入方面，企业持续增强创新支持力度，加速研发管线布局，2021 年，全球制药企业 25 强的研发投入达 1428.86 亿美元，同比上涨 15.8%[1]，全球研发管线总量达到 18 582 种，同比增加 4.76%。在研发方向上，恶性肿瘤是全球范围内的重大公共卫生问题，是企业药物研发的核心，2012—2021 年全球研发管线中肿瘤领域比重由 29.5%上升至 37.5%。在技术方向上，企业加快免疫疗法和基因疗法研发，一方面，以 CAR-T 为代表的细胞免疫疗法成为近年癌症治疗领域最重大的突破之一，凭借优异的缓释率，受到医药企业的普遍关注；另一方面，基因疗法得益于体外基因疗法、基因编辑、递送技术的突破，在临床试验失败[2]沉寂十多年后重新崛起，成

[1] 资料来源：2021 Pharm Exec 50。

[2] 1999 年宾夕法尼亚大学基因治疗项目失败，2003 年 FDA 中止所有用逆转录病毒来基因改造血液干细胞的临床试验。

为全球研发管线中仅次于癌症免疫疗法和其他类型癌症疗法的第三大研发领域。2012—2021 年全球研发管线药品数量见图 3-5。

图 3-5　2012—2021 年全球研发管线药品数量

加速数字化转型，赋能研产销全产业链环节。人工智能、大数据、云计算等新兴技术与生物医药产业的深度融合将加速生物医药产业的研发进程、提升生产制造集成管理与流通应用的精准把控。**在研发层面，**企业探索运用人工智能等数字化技术，在保证分析质量的同时，降低新药筛选风险，提高研发成功率。**在生产层面，**生物医药企业探索以人工智能、生产线机器人技术取代人工实验室操作，包括建立药品生产自动化装备、制药过程数字化分析控制系统、数字化和信息集成管理和应用，实现医药生产环节的可视、可控和智能化。**在流通和应用层面，**采用数字化技术提升仓储与物流的服务水平和运输效率，实现营销渠道高效管理、市场情报动态分析、定制化精准化营销，并以数字化工具辅助临床管理，实现远程检测，提供动态化用药方案。

采取“自研＋引进”模式，打造生态化研发驱动平台。生物医药研发为复杂系统性工程，投资大、风险高、复杂度高、耗时长，要求跨国制药巨头之间、生物技术公司和制药公司开展创新合作与联合投资。领先企业普遍采取“自研＋引进”的模式提升自身研发实力，一是深化与相关大学、研究院所、CRO 的研究合作，实现优势互补；二是搭建创新平台、孵化平台、产业园区等，实现创新资源集成与协同共性；三是以共同投资、并购方式完善研发管线、产品布局，补充团队实力与销售渠道，并通过自主设立或者参与设立风险投资基金等方式进行孵化培育。

本节选择瑞士罗氏制药公司、美国强生公司和中国恒瑞医药公司为例，透视全球生物制药行业顶尖企业的创新趋势和实践做法。

3.3.1　罗氏专注创新研发，巩固行业领先优势

罗氏制药是世界上最大的生物技术公司之一，在制药和诊断领域技术全球领先，2021 年新冠病毒肺炎检测和基础诊断拉动诊断业务板块高速发展，新上市创新药产品表现亮眼，实现营收 628.01 亿瑞士法郎，同比增长 9%；调整后净利润 180.71 亿瑞士法郎，同比增长 6%，营业净利润率高达 28.7%。2021 年在全球创新 2500 强企业行业内排名第一，研发费用达 137.08 亿瑞士法郎[1]，研发投入强度 21.8%。罗氏长期以来专注于创新研发，以满足治疗需求为导向，聚焦肿瘤学、免疫学、遗传病、神经学等疾病领域的创新突破，2021 年新增 174 条研究管线，居全球生物医药企业第 2 位。截至 2021 年年底，罗氏有 30 多种药物被列入《世界卫生组织基本药物标准清单》，为世界医疗健康领域做出了重要贡献。

紧密部署研发管线，围绕核心技术推出拳头产品。罗氏以创新作为企业发展的核心驱动力，长期以来形成以肿瘤学为核心，以传染病学、免疫学、神经科学、眼科和代谢科等为重点的创新布局。截至 2021 年 9 月，罗氏公布了 148 条管线，其中，肿瘤学管线有 72 条，占比达 49%。在技术方法层面，免疫疗法和靶向疗法是罗氏创新的重点方向。在免疫疗法上，罗氏重点关注于双特异性抗体技术平台的多重应用，已有 3 款双特异性抗体获批上市，8 款处于临床试验阶段，旨在改善以往单克隆抗体易受抗性机制限制的问题，降低耐药性和严重不良反应，提升治疗效果。在靶向疗法上，罗氏的主攻方向是针对靶向致癌信号通路，促进癌细胞凋亡，目前有多款疗法获批或在研，其中，GDC - 6036 在临床研究中表现出 BIC（同类最优）的潜力。

推动诊断和制药协同发展，提高研发效率和诊疗效果。罗氏的体外诊断与制药板块产品种类丰富，且两大业务在全球均具有领先性，为制药与诊断

[1] 资料来源：罗氏集团 2021 年年度报告。

的协同创造条件。罗氏积极推动诊断和制药两大部门的协同发展，一方面，可通过创新协同提高研发效率，另一方面，以业务层面协同推动诊断和制药业务的发展。在创新协同上，两大部门共同开展内部研究项目，共享试验设施、技术和研究成果等方式，提高研发效率。目前，罗氏 2/3 的药物研发与诊断部门联合开展[1]。在业务协同上，诊断与药物治疗的有机结合，可为患者提供全面的诊疗服务，并带动新药临床试验、药物推广等业务发展，如在肿瘤领域使用自动化病理切片染色进行辅助诊断，并采用利妥昔单抗、贝伐珠单抗等王牌药物进行治疗；针对感染性疾病，可采用罗氏的病毒检测仪定量检测病毒核酸，并使用达菲进行抗流感病毒治疗。

以“自研＋并购”模式，巩固行业竞争力。罗氏通过“自研＋并购”模式，以较强的自主研发能力为基础，将并购产业内化为自身协同力，获取长期竞争力。罗氏早期通过并购美国生物技术巨头基因泰克，为打造贝伐珠单抗、利妥昔单抗、曲妥珠单抗三大明星产品奠定基础。随着三大主打药物专利保护的临近，罗氏通过“补强型并购”方式加快癌症领域的纵向开发与免疫疾病、神经疾病、眼病等领域的版图扩张，提高产品组合质量，获取在制药全领域的长期竞争力。如 2014 年收购赛诺根制药，进一步增强在癌症治疗领域实力；同年收购 InterMune，扩大在呼吸领域药物的市场份额；2019 年收购基因疗法独角兽星火治疗（Spark Therapeutics），填补在基因治疗平台的空白，并借助其在血友病领域的优势，打造罗氏业务的新增长点，2022 年收购测序技术公司 Stratos Genomics，以竞争临床诊断领域的头部地位。

3.3.2 强生通过重组聚焦核心业务，加大医药领域创新力度

强生是全球最具综合性、业务分布范围最广的医疗健康企业之一，经过长期发展形成制药、医疗器械与消费品三大业务板块。2021 年，强生营业收入 938 亿美元，稳居生物医药行业第一位，研发投入 99 亿欧元，在全球创新 2500 强企业行业内排名第二。强生早期通过自研与收购等方式逐步建

[1] 资料来源：罗氏集团官网。

立可持续发展的业务多元组合，为公司成长和竞争力形成创造了有利条件。随着制药与医疗器械领域龙头地位日益牢固，强生为保持竞争优势，于 2021 年 11 月宣布了重组计划，将客户与市场均有较大差异的消费保健业务分拆，推动业务向核心能力聚焦。重组后，强生进一步专注于药品和医疗器械的创新布局，持续推动新药研发、创新合作与数字技术赋能。

扩展药物创新方式，提升研发效率。随着生物医药行业研发难度逐年提升，新药研发成功率均呈下降趋势，强生在 2021 年投资者会议上强调扩展已有药物的适应症以及创新诊疗组合，以提升研发效率。**一是保持对现有药物的临床研究，扩展药物适应症**。如最新临床研究结果表明，2017 年上市的 Tremfya 获批治疗斑块性银屑病，可用于治疗活动性银屑病关节炎。2020 年，强生收到 CHMP 的建议，在欧盟扩大 Tremfya 适应症的范围，预计该产品年销售额将增长到 34 亿美元[1]。**二是挖掘产品间的组合价值**。强生致力于寻找产品间的最佳组合，改进现有治疗方式，将围绕 Rybrevant 建立诊疗组合，包括联合化疗用于 EGFR ex20ins 一线治疗，联合 lazertinib 用于泛 EGFR 突变一线治疗等[2]。**三是持续推动新疗法上市**。强生计划在 2025 年递交 16 款创新疗法的监管申请，聚焦多种罕见病和肿瘤治疗。**四是积极运用人工智能技术提升药物研发效率**。强生运用人工智能技术帮助制药部门寻找特定化合物，预计使研发效率提高 250 倍。

构建四大创新机构，汇集全球创新力量。为应对未来的医疗健康挑战，强生关注科学生态圈的打造，以“开放式创新平台”汇集各种创意、资源和专业知识。强生搭建了为外部创新者提供一站式服务的创新中心、专注企业孵化的 JLABS、负责风险投资的 JJDC 和着重于中、晚期及已上市公司或产品的 BD[3]，四大机构组成完整的创新生态系统，以灵活多样的合作方式，与不同发展阶段的创新团队合作。以孵化阶段为例，JLABS 为创新企业提

[1] 资料来源：Evaluate Pharma。

[2] 资料来源：强生公司官网。

[3] 资料来源：强生公司官网。

供研发合作、加速孵化、风险投资、许可并购等灵活的合作模式。截至2022年初，强生上海JLABS已吸引70家初创企业先后入驻，获得超过30亿美元融资或达成战略合作关系，企业涵盖肿瘤学、神经科学、基因治疗等领域。

强化软硬件功能，优化医疗效果。在数字化进程加速的时代，强生一方面注重诊疗设备的功能升级，另一方面通过算法突破为设备带来飞跃式发展，以提升优化医疗效果。**硬件功能上**，强生通过并购布局手术机器人领域，如2019年收购Auris，获得手术机器人Monarch。相比传统手段，手术机器人拥有全程可视、电磁导航、虚拟重建三合一导航的内窥镜技术，显著减少患者创伤、提高诊疗效果。**软件算法上**，强生将建立超越现有的手术机器人系统的数字化手术平台，为临床手术全流程提供数据洞察，如VELYS平台能帮助外科医生规划关节植入位置和调整控制切除平面。2022年1月，强生与微软宣布将共同搭建医疗数字手术生态系统，包括下一代机器人技术、领先仪器、先进的成像和可视化、数据分析、人工智能、机器学习和数字解决方案。

加快数字化进程，推动商业模式转型。自2014年以来，强生通过自主开发、战略合作与收并购方式，加快在移动医疗、医疗大数据网络、智能医疗、医疗解决方案与数字化转型的布局，旨在通过数字化转型实现研发模式和商业模式变革，在提升消费者触达效率、加强内部经营决策支持方面取得成效。**消费者触达方面**，强生打造全流程的医疗数据服务，推出多款App，为患者做出评估并提出健康建议，参与到患者的健康管理中，如7minute workout为使用者定制不同的锻炼方式和强度、一键式血糖仪（one - touch reveal）跟踪患者的血糖水平等，实现数量趋势可视化并与医生共享数据。**经营决策支持方面**，充分挖掘供应商以及消费者的相关数据价值，打破数据的孤岛状态，并计划通过敏捷分析和人工智能等先进技术，提炼数据背后的价值，帮助业务部门深入了解市场动态和消费者行为，打通驱动战略业务决策过程的堵点。

3.3.3　恒瑞医药经历转型阵痛期，稳健推进创新

恒瑞医药是国内知名的抗肿瘤药、手术用药的研究和生产基地之一，是中国民族制药企业的典型代表、龙头企业，主要从事创新和高品质药品研制及推广。2021 年，因产品集采、谈判降价、疫情影响，恒瑞医药面临业绩压力，但竞争力仍显著提升，在《中国医药研发产品线最佳工业企业》榜单中稳居榜首，在 PharmExec 公布的《2021 全球制药企业 TOP50 榜单》中连续第 3 年上榜。恒瑞医药推行“科技创新”和“国际化发展”战略，通过加强研发投入，加速创新药布局与对标国际标准，加快向国际领先药企的追赶。

加强研发资源投入，持续提升创新能力。一是以高研发投入支持产品创新，2017—2021 年，恒瑞医药研发投入从 17.59 亿元增长至 62.03 亿元，复合增长率达 37.04%，且 2021 年研发投入强度高达 23.94%，研发投入较国内同行业平均水平高出 37.88 亿元。二是重视研发团队培育，恒瑞打造一批 5400 多人的规模化、专业化、能力全面的全球研发团队，建立起在多个疾病研发领域的创新能力和执行能力。三是加快研发基础设施布局，临床资源覆盖全国 400 家临床试验机构，平均每月启动近 200 家研究中心，实时管理 1 万多例受试者。建设多个具有自主知识产权、国际一流的技术平台，如蛋白水解靶向嵌合物（PROTAC）、全人源抗体库和高通量抗体发现、双抗构建、抗体药物偶联物（ADC）、T cell engagers 与结构生物学等主体的技术研发平台，这些都为恒瑞创新研发和加快国际化步伐提供强大基础保障。

加强创新药物研发，抢占行业制高点。为应对日益严峻的同质化竞争环境，恒瑞医药持续加强药物研发，确保企业竞争优势。一方面，加快创新靶点前移。2018 年后，恒瑞医药同靶点专利申请时间与全球同靶点最早进入临床试验的时间差由 2010 年以前的 10 年左右缩短至 2 年左右；在研发管线中，有多个项目全球无上市先例，如 NaV1.8、ATR 抑制剂、抗 CD40 抗体及其偶联物等。另一方面，密集布局前沿技术研发。恒瑞创新研发管线储备丰富且多为自主研发，形成了上市一批、临床一批、开发一批的良性循环，目前已有 5 个 ADC 分子获批临床，2 个基因治疗分子进入临床前开发阶段[1]，为 FIC（首创新药）和 BIC（同类最优）研发提供有力支撑。

推进国际化战略布局，拓展发展空间。为应对国内集采政策与国家医保谈判所带来的药价压力，恒瑞积极拓展海外市场，寻求新的发展空间。一是临床试验对标国际标准。2021 年，恒瑞多个项目在美国、欧洲、澳洲、韩国等国家和地区获得临床试验资格，有 5 项研究获得美国 FDA IND 批件，包括 SHR - A1811、INS068、SHR - 1819、SHR - 1707 等多个产品顺利实现全球同步开发[2]。二是引进世界一流设备。恒瑞与欧美领先的制药机械企业如 B+S、Bosch、Fedegari 等建立战略合作伙伴关系，增加欧美进口生产和检测设备的采购。三是扩大和优化海外临床研发团队。截至 2021 年，恒瑞已在瑞士巴塞尔、澳洲、美国、日本等国均建立了专业的临床开发团队，并启动 GPT（全球产品开发团队）工作模式，建立海外智库，加快推进全球临床试验。

3.4　汽车及零部件行业企业创新实践

汽车及零部件行业是指以汽车整车制造为核心，向上包含汽车零部件及配件制造，向下包含汽车贸易、服务的产业部门，主要存在以下几个特征：**一是创新研发门槛高**。汽车及零部件行业包含制造、流通、售后多个具体环节，产业链长、关联产业多、分工精细，研发范围涵盖技术开发、生产工艺、质量控制等多方面，涉及材料科学、流体力学、信息技术等多学科，技术壁垒较高。**二是注重产业链整体创新体系构建**。整车研发作为汽车产业链的创新活动的核心环节，一方面向上带动零部件技术升级，一方面向下推动销售、服务模式创新，行业创新具有高度关联性。**三是创新的社会影响深远**。汽车及零部件行业连接广大消费者，其创新活动对大众的辐射影响力巨

---

[1] 恒瑞医药 2021 年年度报告。

[2] 恒瑞医药 2021 年年度报告。

大，在全球“碳达峰碳中和”及数字经济发展目标下，汽车及零部件行业正不断涌现出智能出行等新服务新业态，正在不断改变人们的生活方式并引领社会变革。近年来，汽车及零部件行业领先企业结合行业特征，持续加大研发力度以应对全球能源低碳转型与新冠病毒肺炎疫情反复冲击带来的供应链停摆挑战，创新活动呈现出三大趋势。

研发更重视跨界融合。汽车及零部件行业创新门槛高的特点使得车企一直以来都重视通过构建全球化、优势互补的联合创新体系，从而提升研发效率、增强市场竞争力。随着汽车及零部件行业由传统燃油车向新能源车转型发展，车联网、自动驾驶等跨行业、跨领域的交叉创新需求不断出现，原有行业内的开放式协同创新已难以有效支撑新形势下的创新需要。为此，汽车及零部件行业领先企业愈发重视构建跨界开放式创新体系，通过与跨行业合作伙伴建立产业创新联合体、成立协同创新实验室等方式，集聚全球各领域创新要素，共同围绕新能源车核心技术问题开展联合攻关。

主动拥抱数字经济。汽车及零部件行业在经过多年的发展后，已逐步迈入存量市场阶段，新冠病毒肺炎疫情冲击又进一步加剧了行业在存量市场下的经营困境。行业领先企业为打开存量市场并拓展增量市场，正在通过加速全流程数字化转型升级提升创新效率、降低经营成本、增强客户体验。**研发端**，领先企业探索运用虚拟现实等数字化技术搭建可复用、可扩展的新能源车开发平台，以缩短新产品研发周期、节省研发成本。**制造端**，领先企业一方面加速引入智能物联网、工业机器人等数字化技术构建“无人工厂”，实现疫情下全天候高效低耗生产；另一方面正逐步将计算机视觉、数字孪生、3D 打印等数字化技术引入生产环节以打造数字工厂，通过将整车制造方式创新为柔性化生产，实现生产排期、工艺流程优化与定制化生产，吸引客户。**销售端**，领先企业为应对传统线下 4S 店模式在新冠病毒肺炎疫情的反复冲击下顾客拓展困难的痛点，近年来普遍开启了数字营销转型，通过探索线上与线下相融合的创新销售模式进行降本增效。

创新更重视资本赋能。汽车及零部件行业市场竞争激烈，技术更新迭代迅速，车企需要高强度、持续性地投入资金以推进整车与零部件研发，仅靠自有资金难以完全满足多场景、大规模的研发需求。为此，近年来汽车及零部件行业领先企业充分重视资本的力量，采取并购、拓宽多元融资渠道等方式，支撑企业创新能力提升，提升企业价值。

本节选择美国特斯拉公司、德国大众公司和广州汽车公司为例，透视全球汽车及零部件行业顶尖企业的创新趋势和实践做法。

3.4.1 特斯拉新能源全链条技术创新，持续引领行业发展

特斯拉成立于2003年，2021年首次入围《财富》世界500强，位居第392位，并在全球创新2500强中排名第127位，在新能源车企中位居第一。特斯拉作为全球头部的新能源车企，持续聚焦新能源发展的前沿方向，在新能源车软硬件创新、新能源商业模式开辟上始终走在行业前列，具有巨大的行业影响力，其创新经验对于同类型车企具有重要借鉴价值。2021年我国新能源行业竞争格局见图3-6。

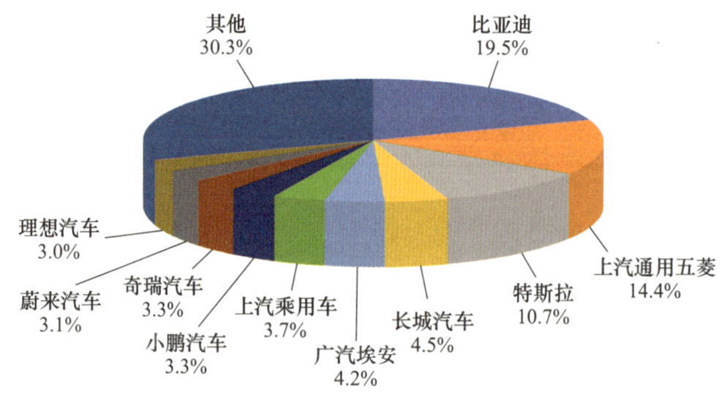

图3-6 2021年我国新能源行业竞争格局

近年来，特斯拉以“加速全球向可持续能源转变”为愿景，坚持推进传统整车业务创新，并围绕整车业务探索开辟商业新业态新模式。传统整车业务创新上，特斯拉在研发环节持续围绕电池、快速充电、智能控制等关键技术领域开展自主创新。新业务创新上，“资金＋团队＋销售规模”是特斯拉能领先的保证，特斯拉积极拓展以服务为主体的商业模式，重点关注并发展积分出售、软件付费、能源服务等新模式。

围绕关键技术环节开展自主研发，建立 5 大技术领先优势。新能源汽车是软硬件高度耦合的产品，当前多数新能源车企采用的“零部件购买＋组装”生产方式不仅无法充分满足软硬件兼容适配的需要，也不利于技术快速迭代。为此，特斯拉围绕电池、电池包、快速充电、智能控制、车身制造等智能汽车核心技术环节持续开展自主研发以加强市场竞争力。**在电池方面**，特斯拉一方面持续开展锂电池自研工作，2022 年 4 月已成功交付最新的 4680 电池，相比公司目前使用的 21 700 电池技术，电池容量、输出功率可分别提升 5 倍和 6 倍，成本可降低 14%；另一方面，不断完善快充技术以提高充电速度，从 2021 年起开始更新 Supercharger V3 网络，可将最大输出功率从目前的 250kW 提升至 300kW，并提升充电效率至 5min/161km，实现行业领先[1]。**热管理系统方面**，热管理系统较为考验整车厂研发实力，需要技术积累。特斯拉在推出车型的同时也在不断迭代热管理系统，电池热系统可以将电池组间的温度控制在±2℃以内（一般单体电池间的温差应该小于 5℃），可有效延长电池使用寿命。**在智能控制方面**，特斯拉正在加快对自研自动驾驶（FSD）芯片的技术迭代，预计 2022 年投产的新一代 FSD 芯片的算力将大幅提升至 216TOPS，进一步巩固其在智能驾驶技术上的竞争优势。**在车身制造方面**，特斯拉在当前行业大都采用“单件冲压＋焊接成型”的背景下，2020 年成功研发并应用使用 Giga Press 一体化压铸减少零部件数量，可有效控制成本，其他车企难以马上效仿。**电子电气架构方面**，分散独立 ECU 转变为中央处理架构，功能集中于三大模块。

特斯拉大单品策略实现规模效应，围绕车辆销售多项业务协同发展。特斯拉在车辆销售方面采取大单品策略，代表有轿车车型 Model 3、SUV 车型 Model Y，有利于摊薄研发、生产制造等费用，形成规模效应；特斯拉有别于传统车企依赖整车销售获取营收的商业模式，基于电动车主营业务，为车

---

[1] 快充市场明星以色列 StoreDot 公司 2022 年 5 月对外展示了 5min 为电动汽车补充可行驶 100mi（160km）的电量的成果，这一技术也有望在 2024 年量产，并且计划在 2032 年将这一时间缩短为 2min。

主提供自动驾驶软件、保险、充电等多种衍生服务，还积极围绕“碳中和”发展需求拓展出积分出售、软件付费、能源服务等一系列增值业务。**积分出售方面**，在全球排放法规逐渐趋严且部分地区开始设置企业碳积分的政策推动下，特斯拉从 2012 年起发展出碳积分出售服务，可通过向其他未达标车企出售积分盈利，2021 年时通过该模式获利高达 14.65 亿美元。**软件付费方面**，特斯拉瞄准延长整车换代周期的市场需求点，发展出空中下载技术（over - the - air technology，OTA）升级服务，可通过提供部分高端功能 OTA 升级服务获利，据科技公司 Electrek 测算，特斯拉公司通过该项业务获利已累计超过 10 亿美元。**能源服务方面**，特斯拉致力于构建新能源生态圈，正在逐步发展储能运维、虚拟电厂等的能源服务新模式，据美国投行高盛测算，特斯拉从 2022 年起每年利用其充电网络获取的收入将不低于 250 亿美元。

深入布局 AI 领域，完全自动驾驶和机器人业务或将开启特斯拉下一个增长点。一是紧扣“芯片＋大数据＋算力”，打造 AI 计算平台。特斯拉在 AI Day 发布了搭载 500 亿晶体管的 D1 芯片、Dojo 超级计算机、特斯拉人形机器人以及神经网络自动驾驶训练和纯视觉方案的 FSD，已经形成了从芯片到数据算力最后落实到终端服务的链条。二是 FSD 和机器人业务或将成为特斯拉未来的新的核心增长力。软件定义汽车时代，特斯拉正在积极探索用自动驾驶服务和机器人产品创造持续性收入的新增长点。截至 2020 年末，特斯拉 FSD 虽然在中国仅有 1%～2%的渗透率，但从全球来看，其渗透率达到 24.57%，累计收益更达数十亿美元。其次，机器人技术与 FSD 技术所需要的底层技术能力相通，随着特斯拉 FSD 视觉网络技术不断完善，Tesla Bot 和 Robotaxi 的场景将不断地丰富和优化。Robotaxi 将在 2024 年量产，TeslaBot 也即将问世，这或将成为特斯拉增长的巨大推动力。

3.4.2 大众以传统优势匹配新技术方向，积极向新能源转型

大众成立于 1938 年，是欧洲最大的汽车公司，2021 年在《财富》世界 500 强中排名第 10 位，在全球创新 2500 强中排名第 7 位，高居汽车及零部

件行业首位。大众作为全球燃油车领域的头部车企，发展惯性巨大，相比一般传统车企，面临更大的转型挑战。尽管如此，大众坚持依托创新持续推进新能源转型，2021 年大众汽车品牌在全球范围的电动汽车总计交付超过 36.9 万辆，同比增长 73%，转型成效显著，其转型经验对于传统车企具有积极参考意义。

大众长期重视创新对于企业可持续发展的重要性，近年来为适应“碳达峰碳中和”发展目标，更是通过持续加大创新变革力度提速转型。在研发环节，大众构建了全球协同创新网络，并紧跟能源转型的总体态势提出 NEW AUTO 战略以引导技术变革方向；在制造及物流环节，大众重视数字化能力建设，着力推动新型数字化技术在全流程节点的融合创新及应用。

适应行业发展趋势，完善创新规划。全球碳中和发展目标正在促使汽车及零部件行业向电动化和数字化转变，大众集团顺应这一行业发展的总体趋势，在 2021 年提出了 NEW AUTO 战略，旨在加速推动公司从传统汽车制造商向以软件为驱动力的移动服务提供商转型。NEW AUTO 战略的核心理念在于将软件服务平台和数字化的客户体验打造成为大众集团未来的关键核心竞争力，并明确布局机电一体化、软件、电池及充电、移动及服务四大重点板块。大众集团 NEW AUTO 战略布局见图 3-7。

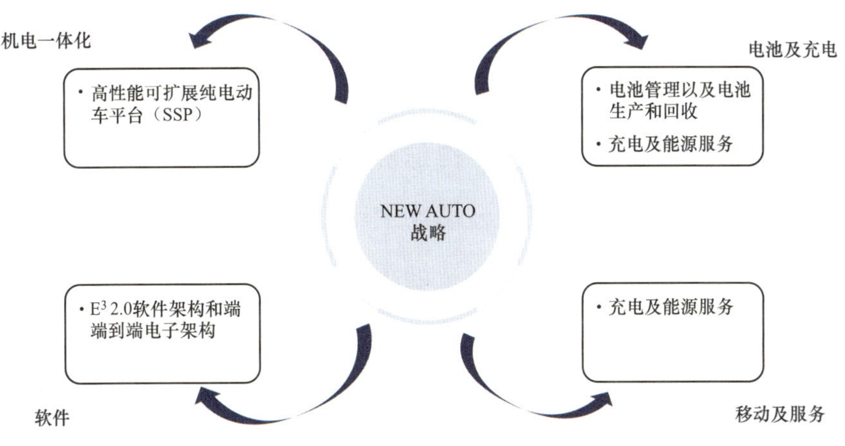

图 3-7　大众集团 NEW AUTO 战略布局

机电一体化板块。大众集团未来将全力开发新一代高性能可扩展纯电动车平台（SSP）以帮助旗下所有车型实现可持续、可扩展的功能创新。为支持SSP平台的研发并提升其竞争力，大众集团正在计划投资8亿欧元建立全新的配套研发中心。

软件板块。大众集团在2021年设立了名为CARIAD的软件部门，并将其从大众集团内部分离出来独立运营。CARIAD未来将重点开发一套基于SSP平台的全新的、统一的、可扩展的$E^3$2.0软件架构和端到端电子架构，为大众集团推行基于数据的新型商业模式、新型移动出行服务以及实现第3/4级自动驾驶技术提供基础。为此，大众集团将通过战略持股以及建立多方合作关系等方式扩展其软件自研的能力。

电池及充电板块。一方面，为了大幅降低电池模组成本，大众集团在2021年与国轩高科达成协议，支持后者开发并量产全球首个用于常规量产车型的“统一单元高级电池”。另一方面，大众集团计划在未来为客户提供从充电硬件设施到能源管理服务的一站式解决方案，联同大量合作伙伴和国家电力公司在欧洲、中国和北美市场投资建造超过45 000个的大功率充电桩。

移动及服务板块。大众集团未来将致力于构建系统化运营自动驾驶车队的能力。为此，大众正在逐步组建自动驾驶车队并拓展相关的移动出行服务和融资业务，具体包括开发自动驾驶系统、实现自动驾驶技术同车辆整合、打造共享汽车和客户出行服务平台。

设立全球分布的多研发中心，构建协同研发体系。大众集团的创新活动以可持续及客户导向为基础，通过构建全球分布的多研发中心格局充分发掘区域技术潜力并充分响应各异的区域创新需求。目前已在中国、美国、以色列等国家共设立了9个研发中心，并以此为基础，与来自世界各地的不同研究机构、高校、行业领先企业、初创企业构建了研发合作关系。例如，大众集团与福特公司组成了研发联盟共同开发面包车和中型皮卡技术，与微软公司建立了战略合作伙伴关系并共同开发基于云的驾驶辅助系统、自动驾驶和

停车功能等关键技术。

利用数字化技术提升制造及物流效率，增强企业市场竞争力。大众集团近年来大力推动数字化技术与生产、物流环节相融合以实现降本增效。2018年起，大众集团开始在全球各大制造基地推进 MEB 纯电智能工厂建设，已将其树立为汽车及零部件行业“无人工厂”的标杆典范，具有三大突出亮点：一是车身车间可实现全自动无人化生产，并首次应用了大众集团独创的 At - line 测量工位技术，重点对关键零部件进行视觉在线检查，最大程度保证了车身生产质量的稳定性；二是总装车间首次搭建全自动合装平台，可利用工业机器人将底盘和电池直接合二为一；三是实现了工业无线网络全覆盖，可通过一套 SCADA 中控系统与各车间中控系统及其他管理系统对接，实现设备、环保安全、物流库存等七大模块信息的实时监控与工厂生产状态的实时展示。2021 年，大众集团更加注重计算机视觉、增强现实和流程挖掘三大创新技术的开发应用，在计算机视觉技术方面，大众集团正在面向车辆铭牌定位、损伤检测等复杂场景开发并完善个性化的计算机视觉平台；在增强现实技术方面，大众集团正将该技术置于远程支持和协作的试点项目中开展测试；在流程挖掘技术方面，大众集团正与 Amazon Web Services（AWS）和 Siemens 合作开展基于云的数字生产平台（DPP）的研发及优化工作。

3.4.3　广州汽车加快机制创新，迈出国有控股上市车企转型新步伐

广州汽车成立于 1997 年，是一家 A＋H 股上市的大型国有控股股份制企业集团，截至 2021 年集团连续 9 年入围《财富》世界 500 强，是中国汽车及零部件行业的领军企业之一。广州汽车作为一家传统的燃油车生厂企业，经过多年发展积累起雄厚的创新资源基础，在向新能源转型发展的过程中更具竞争优势，旗下的广汽埃安经过 5 年发展已成为行业内唯一“新能源车技术＋智能网联技术”都取得领先的品牌，2021 年以来在纯电动车领域的市场份额稳定在第一梯队，转型成效突出，其创新经验对国内传统

车企转型发展具有较大参考价值。2021—2022 年广汽埃安纯电动车月度市场份额及排名见图 3-8。

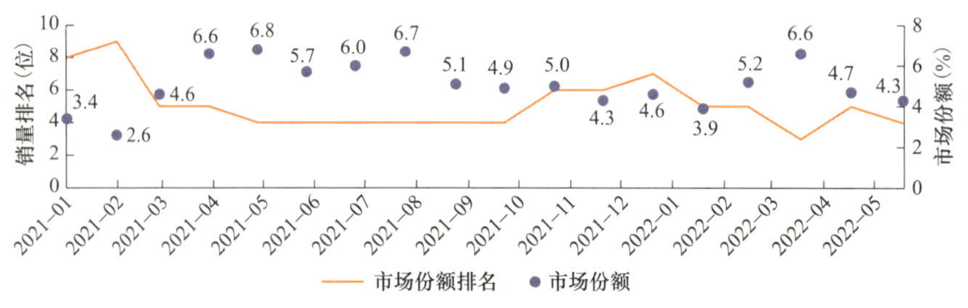

图 3-8　2021—2022 年广汽埃安纯电动车月度市场份额及排名❶

近年来，广州汽车面向“双碳”发展目标，充分激发创造活力，着力培育发展动能，通过扩展全球研发网络与整合产业链、变革创新机制、探索技术研发新方向、创新销售模式等方式增强市场竞争能力，应对国家碳排放政策约束与供应链紧张带来的风险挑战。

聚合全球优势研发资源，建立全球研发网络。广汽集团以广汽研究院（广州）为中心，以硅谷研发中心、底特律研发中心、洛杉矶前瞻设计工作室、上海前瞻设计工作室和欧洲研发中心（筹备中）为支撑，逐步构建了聚合全球优势供应商和研发机构资源的广汽全球研发网，并根据创新禀赋的差异对各大研发中心进行了功能定位的细分。其中，硅谷研发中心、底特律研发中心重点围绕前瞻技术、领先工程技术等业务开展研发工作；洛杉矶前瞻设计工作室、上海前瞻设计工作室和欧洲研发中心（筹建中）重点整合全球优秀汽车设计人才资源，从造型前瞻设计、造型创意能力补充与强化等方面不断夯实自主品牌研发体系。

依托资本优势开展产业链整合，赋能企业技术升级。广汽集团依托广汽资本，持续捕捉并投资创新能力强、科技成色足、符合产业低碳发展要求的硬科技和“专精特新”企业，持续推动自身技术“补短锻长”和未来业务持续增长。目前投资企业总数达到 56 家，主要集中于新能源、半导体、车联

❶ 数据来源：乘用车市场信息联席会。

网和智能驾驶四大板块。

以绿色转型战略为指引，推动新能源车技术创新。能源转型给传统车企的发展带来新的机遇和挑战，广汽集团积极响应国家关于低碳经济及可持续发展的号召，将绿色、低碳融入企业的经营方略之中，在 2021 年提出了“GLASS 绿净计划”这一转型战略，计划以 2050 年前实现产品全生命周期的碳中和为目标，将研发重心聚焦三电核心技术、氢燃料电池技术、混合动力技术、智能网联技术等领域。

三电核心技术领域。广汽集团正重点依托旗下的广汽埃安开展新型电池技术、集成电驱动技术、域控制器技术等方面的研究，并在 2021 年自主研发出弹匣电池、高度集成的两档四合一双电机电驱、新能源域集成控制器等一系列前沿技术产品。

氢燃料电池领域。广汽集团正在就提升氢燃料电池乘用车的功率、效率、可靠性、安全性开展持续研究，目前已于 2021 年成功下线了基于正向开发的首批氢燃料电池乘用车 AION LX FUEL CELL，并开始进行示范运行。

混合动力技术领域。广汽集团正在以 2025 年实现全系车型电气化为目标持续推动高效混动系统的研发，在 2021 年成功开发出新一代混动技术平台“绿擎技术”，为全面推进双电机混动系统的搭载应用奠定基础。

智能网联技术领域。广汽目前已量产应用了“分布式＋域控制”架构，并构建了完整的车载以太网技术研发体系，未来将以此为依托持续推动 L4 等级自动驾驶技术的研发。

此外，广汽积极探索建设零碳工厂，推进制造端绿色转型，在 2021 年以广汽埃安为试点探索零碳工厂建设，未来将重点通过与外部合作引入清洁能源、构建智能微电网系统、搭建材料回收利用体系等方式打造制造园区的零碳建设能力。

加快创新机制变革，在“容错机制”“激励机制”等方面展开探索。广汽集团作为大型国有企业，在原有国资体制机制下，创新受到一定约束，需要通过机制创新释放发展动能。为此，广汽集团近年来正不断加快创新机制革新以提升研发活力，一方面，探索“容错机制”，在新出台的《广州汽车集团股份有限公司创新项目管理及经营业绩分段考核办法》中明确创新项目于培育期内产生的亏损额在业绩考核时按照特定规则进行核算；另一方面，推进“激励机制”创新，提出未来将通过构建车型项目全生命周期激励机制加大对研发人员、营销人员等骨干人员的激励力度。

积极推动营销创新，开辟PAC模式增强销售韧性。新冠病毒肺炎疫情的长期冲击堵塞了车企的线下销售渠道，加剧了车企的销售压力。为突破营销困境，广汽集团将S2B2C商业模式与长链条汽车营销相结合，在2020年创新出PAC营销模式。其中，P代表广汽集团搭建的行业中台，A指代可不断扩大的销售体系，包含各类行业的经营者、汽车经销商以及个体人员，C指代客户。PAC模式的运作方式可表述为任意规模的销售团队在认证为广汽出行顾问后，借助行业中台提供的数据智能、网络协同、运营支持、统一供应链等支撑服务，以在线直播、社群运营等社交新零售的方式向潜在客户群体进行产品推介。与传统4S店模式相比，PAC模式的革命性创新体现在无专属设施投入、无新车库存投入、无专属团队投入、稳销售毛利等方面。目前PAC模式已在广汽蔚来品牌中得到应用，节省了50%以上的渠道投入。广汽集团PAC销售模式架构见图3-9。

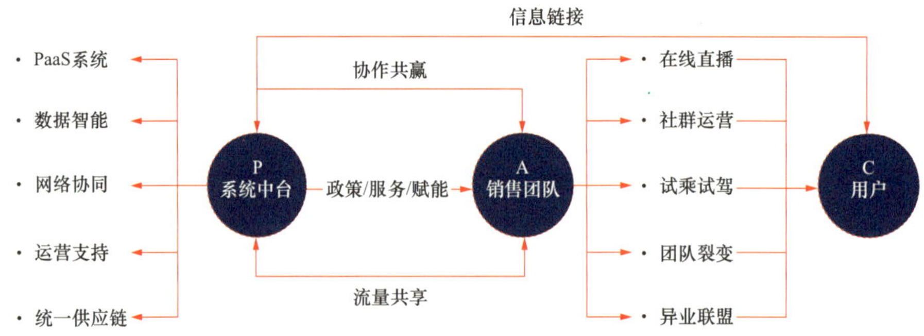

图3-9 广汽集团PAC销售模式架构

3.5 电力行业企业创新实践

电力行业是指将煤炭、石油、天然气、核燃料、可再生能源等第一次能

源经发电设施转换成电能，再通过输电、变电与配电系统供给用户的工业部门。全球气候危机背景下，“碳中和”已成为各国的发展共识，电力企业作为碳排放的主要来源部门，面临艰巨的脱碳挑战。多重因素影响下，电力行业的创新正在出现新的特点：**一是技术创新多元化趋势明显**，能源向清洁低碳转型对发电、输配电、售用电等环节提出新的技术变革要求，导致技术创新方向日渐多元，行业内企业仅靠内部创新已无法完全覆盖并满足全流程、全环节前沿研发的需要。**二是数据资源优势持续凸显**，加快能源转型需要新模式新业态进行支撑，而培育模式新业态的核心在于数据要素的开发与利用，能源电力网络地理覆盖范围大、连接对象多的特点决定了电力行业具有数据体量大、数据类型多的突出优势，开发利用数据资源存在着迫切需要。适应行业创新的新特点，电力领先企业的创新活动出现新的趋势。

一是重视构建开放式创新体系提升创新质效。碳中和目标下，全球能源结构正在向清洁化、多样化进行转变，发电功率和用电功率不匹配、电网完全稳定性下降等一系列多学科交叉融合的复杂问题也应运而生，既为能源电力企业的技术及商业模式创新带来机遇，也使其面临研发投入加大、研发跨度拉长、研发风险提高等一系列挑战。为此，能源电力领先企业持续强化内部创新能力，并愈发注重开放式创新体系的构建，通过开展产学研合作、建立技术联盟、实施技术并购等方式引入外部创新能力以节省研发成本并缩短研发周期，从而提升创新质量与效率并增强企业竞争力。

二是积极推进数字化转型赋能企业创新。随着能源革命与数字革命走向深度融合，能源电力领先企业普遍意识到需要通过数字化转型助推自身绿色低碳创新发展。一方面，能源电力领先企业积极引入或自研数字技术重塑自身的战略决策、业务流程及经营管理模式，提升生产经营效率及市场竞争力；另一方面，能源电力领先企业积极突破传统数字化转型模式侧重于企业内部信息化建设和信息化管理强化的局限性，开始依托自身在数据资产上的突出优势探索构建跨企业、跨行业的数据要素流通平台，以培育壮大商业新模式新兴业态。

本节选择日本东京电力公司、西班牙伊比德罗拉公司和中国南方电网公司为例，透视全球电力行业顶尖企业的创新趋势和实践做法。

3.5.1 东京电力推进数字化转型，支持业务拓展与重构

东京电力公司成立于 1951 年，业务集发电、输配电、售电于一体，是日本最大的电力运营商，2021 年在《财富》世界 500 强中排名第 187 位，在全球创新 2500 强中排名第 911 位。东京电力自 2000 年起，通过在技术、商业模式、管理层面开展广泛的前瞻布局，应对日本电力工业在发电侧和售电侧先后引入的市场化竞争，逐步成为电力新市场环境下的行业领导者，其发展模式对于电力企业具有较大参考价值。

近年来，东京电力将“碳中和”与“防灾”确立为企业未来的核心发展目标，将“新电气化”变革作为企业实现核心发展目标的关键要素，通过围绕能源行业前沿发展趋势调整业务布局，推动数字化转型支撑业务拓展，建立并完善开放式创新体系以赋能技术开发与商业开发等创新举措支撑了企业竞争力提升。

重构业务布局，支持前沿业务发展。东京电力公司立足“碳中和”和“防灾”两大战略发展主线，结合现有业务布局板块的市场潜力与自身竞争力，在 2021 年宣布将进行业务结构性改革。一方面，将以撤资、缩小业务规模等方式在未来 10 年间抽离与战略主线不匹配的传统业务板块；另一方面，将重点加大对移动工具电气化、可再生能源售电及解决方案、海上风力发电、数据通信这四大新业务板块的投入支持力度。

重视数字化转型，赋能业务拓展。随着 2016 年日本售电市场的全面放开，日本电力市场进入完全自由化阶段，为提升电力市场竞争力，东京电力公司近年来重视通过推进数字化转型（DX）战略进行降本增效，继 2020 年在集团层面设立“DX 项目推进室”后，2021 年又进一步设立了“DX 商业变革委员会”。“DX 商业变革委员会”由集团经营决策层组成，可直接领导

并推进跨部门、跨子公司的 DX 重点项目，实现了从现场到经营的完全打通。内部数字化转型的深入推进也进一步推动了商业模式的升级。近年来东京电力在传统售电业务的基础上，一方面，依托区块链、物联网等数字化技术发展出能源设备销售与能源资产管理服务，并在 2021 年进一步拓展出以 Flexbee 项目为代表的“负荷聚合商”商业模式；另一方面，在 2018 年牵头电力、建筑、航空、银行等多部门企业组建了 Grid Data Bank Lab 数据平台以推动跨行业、跨企业的商业模式交叉创新，并于 2021 年与日本 ICT 公司 DAC 通过共享东京都居民的智能电表数据合作开发出广告定向投放新业务。东京电力公司面向初创企业的创新孵化模型见图 3 - 10。

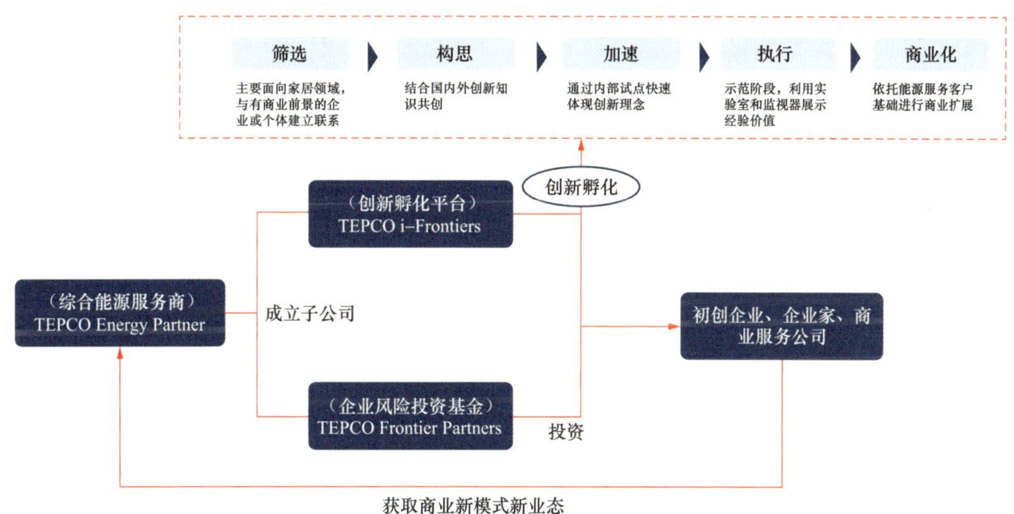

图 3 - 10　东京电力公司面向初创企业的创新孵化模型

构建开放式创新体系，提升企业创新动能。传统的内部创新模式已难以完全覆盖大型企业多业务场景的创新需求，为提高创新效率，东京电力公司近年来加快构建开放式创新体系，在技术开发、商业开发等领域大力推动与企业、政府、高校机构的协同合作。与传统开放式创新体系相比，东京电力模式更加重视通过打造合作平台加强创新资源整合。

在技术开发方面，东京电力公司与日本国内众多知名研究机构构建了广泛深入的联合研发关系。例如，为适应大规模可再生能源接入的电力系统发展趋势，东京电力公司在 2021 年宣布将联合三菱综合研究所、关西电力公司、关西电力输配电公司、京瓷公司开展下一代电力网络稳定技术及分布式能源资源控制技术研究。

在商业开发方面，东京电力公司通过设立投资公司、搭建开放式创新孵化平台等方式持续深化外部合作。一是通过直接并购的方式进行创新资源整合，增强自身创新能力，如2018年设立了投资公司TEPCO Ventures，主导新型能源服务模式的整合嵌入，2021年推出日本首个可以“零初始成本”获取住宅太阳能发电设备的Sumifu x Enekari项目。二是打造开放式创新孵化平台，通过为初创企业提供从概念共创到商业试点、商业推广的全流程服务，促进新型商业模式的开发。如2017年设立了面向初创企业的TEPCO i-Frontiers，2021年孵化出日本初创企业BPM公司基于住宅设备维护数据开发能源新服务模式的商业创意。

3.5.2 伊比德罗拉投资布局未来技术，推进绿色发展

伊比德罗拉成立于1992年，业务涵盖新能源发电、输配电网建设运营、能源服务等环节，2021年伊比德罗拉在全球创新2500强中位居第476位，全年总研发投入为3.38亿欧元，是全球研发投资最多的私有能源企业。伊比德罗拉自20世纪末起，通过持续开展可再生能源技术的研发与投资，并建立与之适配的新型智能商业模式，已逐步成为全球能源领域的领导者，其发展经验对于电力企业推进绿色发展具有较大参考价值。

近年来，伊比德罗拉公司积极发挥全球电力行业零碳变革先驱者和推动者作用，提出“持续构建更健康、更易获得的能源电力模式”这一核心发展目标，将创新作为其实现全面能源转型、保持市场竞争力的重要基石，通过推动数字化技术的研发应用、构建全球开放研究中心、开展创业风险投资、建设人才培养基地等方式不断强化创新能力。

推动企业数字化转型，重视能源数字技术的开发与应用。伊比德罗拉将企业数字化转型视作推动创新发展的一项重要战略，并将大数据分析、区块链、人工智能等十项数字技术确立为公司数字化转型的支柱。大数据分析方

面，伊比德罗拉构建了 MeteoFlow 风力发电预测系统；区块链方面，伊比德罗拉正在基于该项技术开展能源交易可追溯性试点研究；人工智能方面，伊比德罗拉已开发出可预测陆上风力涡轮机组故障的人工智能模型。

设立全球性开放研究中心，开展关键技术联合攻关。伊比德罗拉公司在 2021 年设立了全球智能电网创新中心（GSGIH），将自身技术优势与全球其他 60 多个合作实体的技术优势相结合，围绕配电运营商运维模式开发、能源服务商业模式拓展、先进能源数字化技术开发、下一代智能电网技术开发等前沿主题共同开展深入研究。与一般开放式创新平台相比，GSGIH 在运行模式上有着两大突出亮点：一是更加重视初创企业的创新作用，GSGIH 将通过持续推出面向全球初创企业的创新挑战大赛以吸引优秀初创企业参与合作；二是更加侧重市场导向，GSGIH 允许创新人才与国际供应商、初创企业和高校机构建立直接联系并将技术成果进行转化。

持续开展创业风险投资，获取颠覆性技术及商业模式。伊比德罗拉公司注重商业的可持续发展，通过设立 Iberdrola - PERSEO 创业风险投资计划布局未来技术和新型商业模式。Iberdrola - PERSEO 计划包含 PERSEO 与 Perseo Venture Builder 两大模块。PERSEO 模块的投资选择范围较广，每年通过对数百家候选企业进行评估，筛选出最具市场前景的“独角兽”企业进行投资。目前的投资组合包含 9 家企业，总投资金额达到 1 亿欧元，已帮助伊比德罗拉公司在能源领域流程数字化、能源成本控制及优化、能源设备智能检测等技术领域成为全球领先企业。Perseo Venture Builder 是 2020 年创立的新模块，截至 2021 年总投资金额超过 4000 万欧元，主要聚焦于重工业、重型运输等脱碳困难部门，运作模式也侧重于与产业集团合资建立新的创新公司，伊比德罗拉公司依托该模块已在可再生能源装置回收等技术领域建立了竞争优势。

建立全球性创新培训基地，夯实创新人才基础。伊比德罗拉公司重视创新人才梯队建设，在 2021 年建立了 Iberdrola Campus 这一全球性知识、创新和就业能力中心，预计未来每年将有 13 000 人在该创新培训中心接受专业辅导，可为公司积累大量创新人才资源。

3.5.3 南方电网加速数字化发展，打造新型现代供电服务体系

南方电网成立于 2002 年，是中央管理的国有重要骨干企业，业务涵盖投资、建设和经营管理中国南方区域电网，以及电力购销、电力交易与调度等方面，2021 年营收总额 6725 亿元，位居《财富》世界 500 强第 91 位。南方电网作为国内两家最大的电网企业之一，是我国电力行业改革创新的先驱者与排头兵，近年来其重视数字化转型发展，率先提出“数字电网”发展理念，并率先成立全球首家数字电网研究院，在我国能源电力转型中具有代表性，其创新发展经验对于国内电力企业转型发展具有较大参考价值。

南方电网将服务国家“碳达峰、碳中和”目标作为企业的重大政治责任和战略任务，结合电力行业碳排放占比高、降碳减排难度大的特点，将创新作为自身实现“双碳”目标、建设具有全球竞争力世界一流企业的第一动力，持续发挥自身作为央企在国家科技创新中的骨干作用，通过在深化数字化转型、构建以用户为导向的新型现代供电服务体系、资本赋能基础前瞻研究等方面开展探索示范，持续提升企业竞争力，并引领行业变革。

深化数字化转型，推动技术与业务创新。近年来，南方电网锚定“数字电网”发展目标，加快构建数字技术平台，重点提升电网数字化、服务数字化、数字产业化能力，企业数字化转型已走在中央企业的前列。

（1）构建数字技术平台。2021 年以来，南方电网重点推进云数一体数字技术平台建设，创新成效显著。**南网云平台**方面，2021 年南网云主节点与分节点生产区分别增加至 39 个与 26 个，并开始由通用算力向高性能算力扩展，将为算法应用和数据服务提供更加坚实的支撑。**大数据中心**方面，2022 年南方电网正式发布了数据中心对外门户，该对外门户以数据要素化、资产化为核心，以跨行业、跨领域多元数据融合为场景，构建了面向政府、上下游企业、用户等产业链参与方的统一数字服务平台，将有效助推南方电

网公司开展商业模式的交叉创新。此外，2021 年南方电网还上线了行业首个**云超算平台**，采用阿里云自主研发的飞天云操作系统和神龙超级计算集群，每秒可进行 825 万亿次浮点运算，每节点计算能力较普通云服务器提升了 5 倍，目前已在精细化数值天气预报系统中得到应用。南方电网数据中心对外门户运营模式见图 3 - 11。

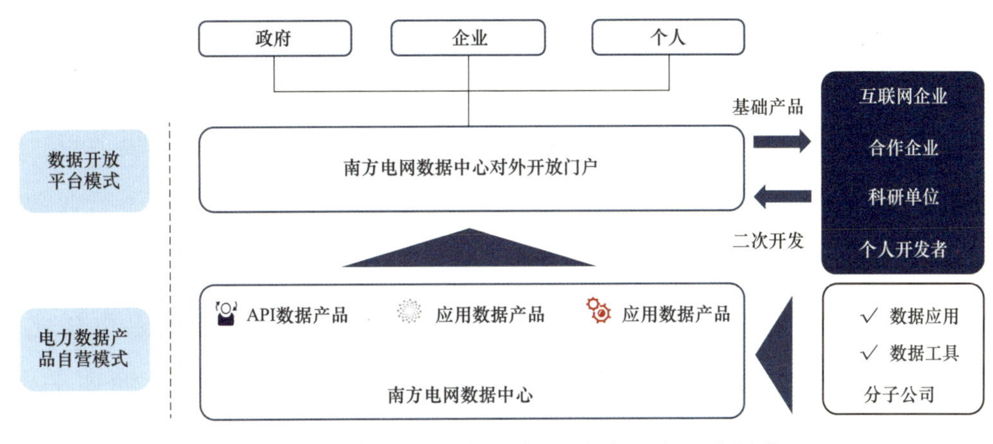

图 3 - 11　南方电网数据中心对外门户运营模式

(2) 推进电网数字化。2021 年以来，南方电网重点推进变电与配电环节的数字化技术创新，取得了显著成效。其中，2022 年南方电网正式发布了首款国产电力专用芯片“伏羲”，采用 C - sky 国产指令集、玄铁系列国产内核作为计算核心，保障了芯片核心知识产权自主可控，具有性能优势突出、功耗小、动作快等突出优点，已先后在变电、配电等环节中得到应用，有力支持了电网数字化建设；2022 年南方电网联合华为公司，共同推出了电力行业首个基于昇腾生态的 AI 预训练模型，与原有人工智能算法模型相比，研发效率提升 5 倍，排查设备隐患、查找故障等特定任务的平均准确率从 85%提升到 95%，具有高效、准确、智能的突出优势。

(3) 推动服务数字化。2021 年，南方电网重点推进对外服务创新，取得突出进展。一方面，2021 年南方电网正式发布公司最大的互联网应用——“南网在线”，通过结合前中后台技术架构与人工智能技术，具有流程简洁、反应迅速、定制灵活的突出优点，可为客户提供涵盖传统供电服务与新兴增值服务的一站式流程体验；另一方面，2021年南方电网推出了国内首个采用“一级部署，两级应用”模式的网省两级电力交易平台，目前已在贵州、广州、广东、广西、海南交易中心上线，支持跨区跨省和省内多品种、多周期电力中长期和现货交易，将进一步促进电力交易向统一规范、便捷高效发展。

（4）加快数字产业化。2021年，南方电网重点在对接工业互联网、数据资产凭证、双创平台、产业链金融等方面加大了创新力度，取得突出进展。**对接工业互联网**方面，2021年南方电网成功上线了能源二级节点，可为能源行业上下游提供标识注册、解析、代理等服务，有效促进了行业数据的互联互通。**数据资产凭证**方面，2021年南方电网开发出全国首张公共数据资产凭证，具有可溯源、可验证的特点，将有力推动数据要素市场化改革。**双创平台**方面，2021年南方电网全面上线运行双创线上管理平台，具有两大突出亮点，一是为全网首个完整的创新沟通平台，二是可通过“线上＋线下”方式举办创新大赛，实现了对创新工作的全线条覆盖。**产业链金融**方面，2021年南方电网试点上线“电力贷”企业信用服务，可精准评估中小企业客户，实现了优质客户挖掘与贷款客户生产经营状态评价，增强了企业的风险防控能力。

聚焦用户导向，构建新型现代供电服务体系。南方电网将“解放用户”理念视作企业适应新一轮能源技术革命要求，推动服务向专业化、高端化、多元化升级的关键指导思想，创造性提出VOSA商业模型。近年来，南方电网将“解放用户”的VOSA模型深入应用于现代供电服务体系实践，重点以组织能力体系与生态伙伴体系作为企业内、外部重新布局的切入点，成功**打造出包含“敏捷前台＋高效中台＋坚强后台”先进组织架构，以及“基础性＋增值性”用电用能新业态的新型现代供电服务体系**。南方电网新型现代供电服务体系见图3-12。

1）组织能力体系。**前台上**，南方电网形成了以“服务用户，获取市场”为导向的敏捷前台，试点构建了“U＋3＋X”前台服务作战团队，实现了

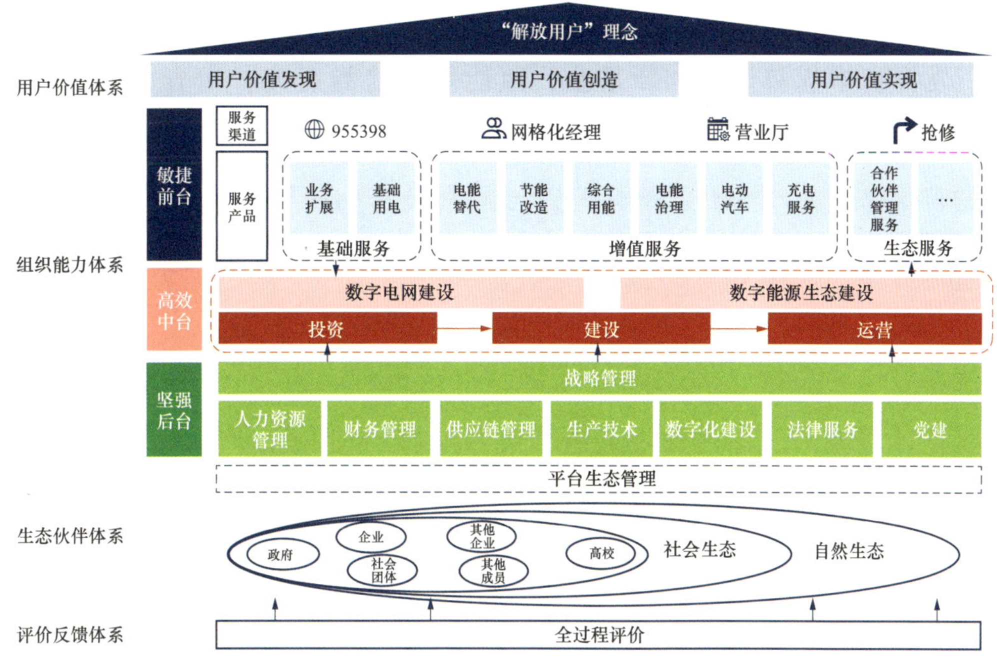

图 3 - 12　南方电网新型现代供电服务体系

对用户需求的快速响应；**中台上**，南方电网形成了以"资源共享，能力复用"为核心的高效中台，搭建了业务中台、技术中台、数据中台"三合一"的高效运作模式，有效提升了企业运营中枢效率；**后台上**，南方电网以"系统支持，全面保障"为宗旨搭建了坚强后台，成立了响应前、中台工作需要的现代供电服务体系体验建设产品委员会，有效强化企业资源配置，提升了企业形象。

2）生态伙伴体系。南方电网搭建生态伙伴体系的实践主要体现在构建用户服务平台、打造能源系统生态圈、共建生态秩序三个方面。**构建用户服务平台上**，南方电网通过整合现有用户端服务平台资源打造了"南网在线"等用户服务平台，为生态伙伴提供了开放、平等、共享的渠道资源；**打造能源系统生态圈**上，南方电网围绕向能源产业价值链整合商转型的目标，积极协同生态伙伴拓展增值服务，例如，2021 年与比亚迪公司合作打造出国内首家以智慧新能源为主题的能源生态体验厅。**共建生态秩序**上，南方电网重视与生态伙伴建立互惠共生的合作伙伴关系，例如，推出的扶贫商城解决了扶贫点用户卖货难的问题，实现了多方共赢、互惠共生。

发挥资本优势设立创新基金，赋能基础前瞻研究。南方电网公司贯彻落实国家创新驱动发展战略纲要和《国务院关于全面加强基础科学研究的若干意见》，将自身资本优势与国家级基础研究平台的研发资源优势相结合，2021年与国家自然科学基金委员会共同设立企业创新发展联合基金，计划在2022—2024年投入1.2亿元，用以支持行业研究者围绕新型电力系统领域的路径优化及稳定机理、数字电网、新型储能、电碳认证等相关技术方向，开展基础研究和应用基础研究。南方电网企业创新发展联合基金的设立，将加快推动我国新型电力系统建设中基础性、前瞻性难题的解决，有力支撑我国电力企业及电力行业源头创新能力提升。

3.6 智能制造企业创新实践

智能制造（intelligent manufacturing，IM）是新一代信息技术与先进制造技术融合的产物，是在制造业进入成熟阶段，行业应对自身转型升级的内在需求，也是应对新冠病毒肺炎疫情、大国竞争等外部环境冲击，以及市场需求个性化特征下的必然趋势，强调以信息技术赋能制造业发展，加快企业响应变化的能力和速度。智能制造包含智能制造技术和智能制造系统，以制造技术、信息技术和智能技术的集成和深度融合，实现制造由自动化向柔性化、智能化和高度集成化的转变。后疫情时代的分散化生产特征，以及低碳转型要求、个性化需求增长趋势，加速“工业制造”向“工业智造”的转型，推动制造技术向柔性化、轻量化、精密化与绿色化发展，要求智能制造企业具备更强的技术创新能力、集成服务能力与数字化管理能力。

产品创新重视高精度、轻量化、小轨迹、柔性化、智能化发展。在精度

与质量控制方面，加速计算机工程软件、数控技术和传感器技术应用，提高设备的可靠性、质量与精度，同时制定系统化、规范化的质量管理体系。在轻量化方面，契合绿色低碳发展要求，进一步降低工艺过程中的能耗与排放，通过改进工艺设计、融合新材料技术，加速智能制造的轻量化生产。在柔性化方面，契合疫情背景下的分散化生产特征，以及制造业企业对于人机协同、柔性化制造的转型需求，加速推动协作机器人发展。

商业模式创新重视向集成服务的拓展。随着智能制造技术和产品体系的日益丰富，整体解决方案逐渐取代单一设备的供销体系，成为企业业务转型的重要方向。智能制造领先企业依托长期在互联设备、控制系统的产业基础，以及在制造业领域的行业服务经验，逐步探索向集成服务商转型。在布局方式上，一方面整合自动化、工业机器人零部件与硬件设备，结合客户应用场景进行标准化、系列化和模块化开发，打造一站式的供应平台；另一方面，嫁接数字化技术，挖掘工业数字化领域的发展潜力，整合工业机器人硬件设备、MES 等软件系统以及工业物联网，打造智能工厂的完整解决方案。

管理创新重视数字技术赋能。生产质量管理是智能制造企业在激烈的市场竞争中求取生产、获取市场竞争力的关键。领先企业加快推进管理数字化，综合应用管理技术、新兴技术整合生产过程的数据资源，赋能产品质量与生产效率的提升。如发那科在现有缺陷管理体系基础上，搭建缺陷记录数据库，实现全过程问题跟踪；埃斯顿建立统一信息平台下的制造执行系统（MES）、质量管理系统等，实现产品生命周期全过程的生产信息采集、存储与分析，打造端到端的精益生产管理体系。

本节选择瑞士 ABB 公司、日本发那科公司和中国南方电网公司为例，透视全球电力行业顶尖企业的创新趋势和实践做法。

3.6.1　ABB 加速商业模式转型，提供行业数字化解决方案

ABB 是全球工业自动化的百年龙头企业，凭借长期以来在电气和自动

化领域的行业经验，在推动全球工业技术革新和加快工业企业数字化转型中扮演重要角色。2021年，ABB在创新2500强中排名第147位，行业内创新排名前5，全球创新影响力突出。ABB以“数字化＋电气化”为创新方向，建立起电气、工业自动化、运动控制、机器人及离散自动化四大业务模块，并依托深厚的行业应用经验，搭建ABB Ability™数字化平台，提供行业数字化解决方案。

聚焦柔性化生产与数字化赋能，维持行业领先地位。在柔性化生产方面，聚焦电子、医疗健康、消费品等高增长领域，基于生产需求小批量、多品种、个性定制的趋势，加快打造全柔性化的生产网络。2021年7月，ABB宣布收购全球领先的自主移动机器人（AMR）制造商——ASTI，成为唯一一家能够提供AMR、机器人和机械自动化解决方案的公司，构建起面向下一代柔性自动化的完整产品组合能力。在数字化领域，ABB将超过70%的研发资源用于数字化和软件创新，如在上海的机器人新工厂设立围绕人工智能领域的研发中心，以人工智能技术优化机器人制造；引入微软智能云Azure，与IBM、爱立信在物联网、5G自动化和生产等领域展开合作，以在工业物联网领域占据领先地位。

发挥工业自动化行业经验，提供数字化解决方案。ABB作为全球工业自动化的百年龙头企业，在电气和自动化领域均具有广泛应用基础，相比于西门子、施耐德等电气企业，以及安川、发那科等工业机器人企业，拥有更优越的工业数字化服务基础。自2016年发布新战略以来，ABB依托ABB Ability™数字化平台，聚焦电力、工业、交通和基础设施等领域，提供定制化解决方案。随着技术的发展，工业数字化转型更关注与传感器技术、人工智能与机器学习的结合，实现预测性维护、利用数据提供最优运营决策。2020年ABB推出全新分析及人工智能软件ABB Ability™ Genix，并利用Genix的数据采集和人工智能分析功能，加速智能化产品与解决方案开发，如2022年推出基于云的数据分析解决方案——ABB Ability™ Genix Datalyzer，用于对水泥、钢铁、化工和发电等高度监管行业的设备排放监测，

2021 年 10 月推出 ABB Ability™ Genix 资产绩效管理套件，可为企业提供全面的预测性维护解决方案。

打造 ABB Way 新运营模式，支持新业务发展。在数字化转型的战略导向下，产品与服务趋向个性化，要求设计更贴合区域市场需求组织架构，并有效平衡业务的分散化经营趋势与集团统筹管理需求，调整企业内部责、权、利的分配，优化内部经营管理机制。2020 年 ABB 推出 ABB Way 的新运营模式，实现组织结构由矩阵式向垂直化管理的转变，强调以业务单元为经营主体，赋予其充分的经营自主权，并以 ABB 集团品牌为牵引，通过建立统一的流程和治理框架，将日益分散的业务领域和部门进行统筹管理。

1）推动管理模式向全球垂直化管理转变，适应业务发展需求。ABB 长期以来的矩阵式管理结构是适应全球化发展的产物，在经营业务的跨国迁移及技术的全球化共享上具有绝对优势。数字化转型战略下，为契合业务的个性化、定制化特征，ABB 于 2022 年全面完成垂直化组织结构调整，使经营决策更贴近客户，同时激发内部创新活力，加速业务增长。垂直化组织结构下，ABB 向电气、工业自动化、运动控制、机器人与离散自动化四大事业部的 18 个业务单元进行充分授权，并将 ABB Ability™ 数字平台从集团下放至业务领域管理，职能部门将聚焦财务、战略和治理，人员精简至 1000 名以下，打造更精简、高效、市场导向的组织形式。各业务单元作为最高级别的运营决策主体，拥有较高的经营自主权，同时也独立承担业务发展和领先技术研发责任，寻求市场拓展加速业务盈利增长。ABB 公司矩阵式组织结构与垂直化组织结构示意图见图 3 - 13。

2）加强业务组合评估工作，提升业务组合合理性。ABB 的业务扩张战略聚焦高增长的细分市场与地区市场拓展，既关注组织内部的有机增长，也强调通过并购填补技术空白，以强劲的现金流为基础，预计每年将进行 5 笔或更多的中小型收购。ABB 从战略吸引力、价值创造潜力和结构适合度三大维度对业务进行评估，并根据评估结果制定维持、退出或扩大业务单元组合的决策，如 2020 年底 ABB 宣布退出涡轮增压、机械动力、动力转换三项业务。

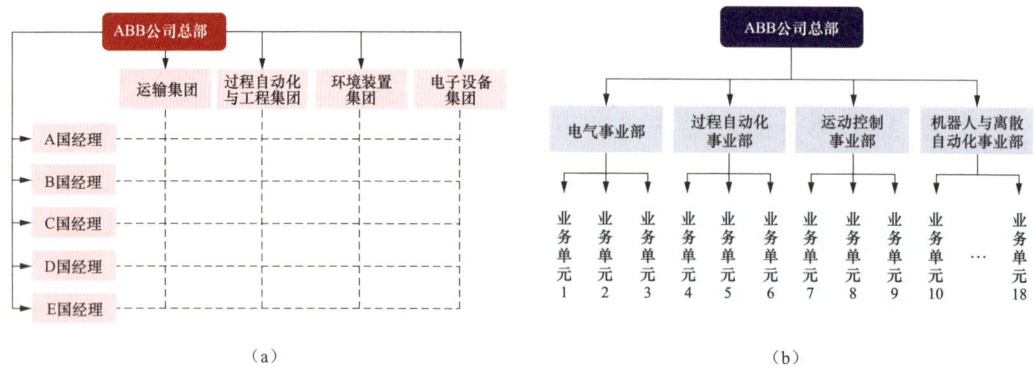

图 3-13　ABB公司矩阵式组织结构与垂直化组织结构示意图

（a）ABB公司矩阵式组织结构图；（b）ABB公司垂直化组织结构图

3）加强绩效管理，保障分散业务模式的有效运行。ABB引入一套透明且标准化的关键业绩指标（KPI）记分卡系统，将考核重点放在拥有稳定的结构和盈利能力上。在各部门及业务范畴推行每月记分卡制度，以确保工作表现完全透明，并附带强制性目标，要求各业务单元生产率每年至少提高3%。

3.6.2　发那科聚焦产品技术创新，构建行业竞争力

发那科是世界上最大的专业数控系统生产厂家，是世界上唯一提供集成视觉系统的机器人厂商，也是世界最大的机器人公司，占据了全球70%的市场份额，产品包括工业自动化（FA）、机器人及数控机床三个领域。发那科采取通用型、标准化的产品供给策略，通过批量生产以降低成本。在标准化产品策略下，发那科持续追求机器人技术上的领先性与创新性，打造产品竞争力，并以“高可靠性、故障预警、快速修复”为宗旨，建立了严密的质量管理体系与供应链管理体系。2012—2021年发那科研发支出情况见图3-14。

以产品高精度、轻量化、小轨迹、柔性化、智能化，持续争夺机器人产业制高点。在精度方面，发那科于2019年底宣布在总部新建工厂，通过量产能够加工镜头金属模具的超精密加工机械，开拓面向自动驾驶的市场。

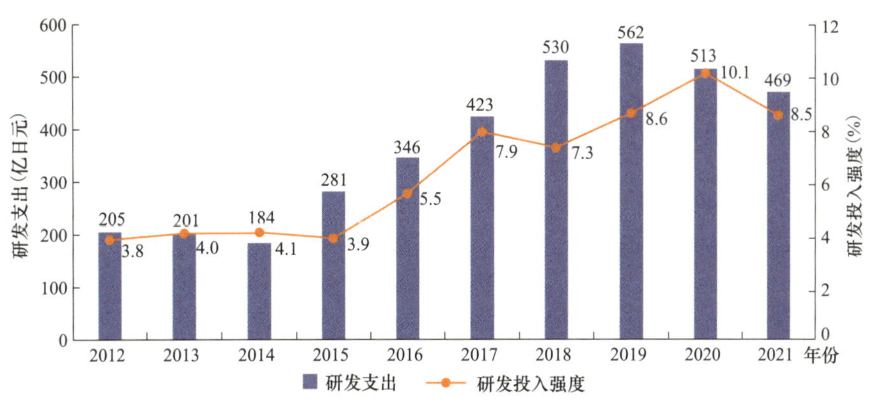

图 3-14　2012—2021 年发那科研发支出情况

2022 年推出可搬运质量为 60kg 的高精度机器人 M-800iA/60，通过运用新的控制技术，圆轨迹精度以及直线轨迹精度大幅提升至±0.1mm，在追求高精度生产的汽车制造和航空航天行业得到广泛运用。在轻量化方面，2022 年推出 LR-10iA/10，作为低重量、高速度、便携性和封闭式结构的结合，可广泛运用与狭窄空间的高效作业，同时具备机床护理应用的能力。在柔性化方面，为应对劳动力短缺问题，降低新冠疫情下的传播风险，发那科聚焦协作机器人研发，打造低成本、柔性化的自动化生产体系。2019 年 12 月，发那科发布了首款轻量级协同机器人 CRX-10iA，并在此基础上持续丰富型号类型，提升产品的可靠性、安全性与操作的便捷性，持续赋能企业生产效率提升。

搭建技术创新与商业化应用相结合的创新体系，保障研发活动的市场价值转化。在创始人稻叶“瞄准顶级和追求利益”的经营理念指导下，发那科搭建了以基础研究所和商品开发研究所为核心的创新组织，形成围绕技术研发到商业化应用的创新研发体系。基础研究所锚定未来 5～10 年的前沿技术研发，支撑中长期的产品开发需求；商品开发研究所秉持“高可靠性、降低成本、最少化零件”的原则进行产品开发，在量产阶段要求开发负责人进入工厂担任“临时制造部长”，保证按预定要求生产出合格产品。技术研发与转化的融合也体现在企业人才培养理念上，发那科规定企业技术人员必须经过销售岗位的锻炼，以深入了解用户市场需求，并要求管理人员必须参与科研工作，以建立围绕技术研发的综合管理能力。

制定严密的质量管理体系，提升产品可靠性。在硬件设施上，发那科斥资60亿日元打造面积达2万m^3的可靠性评价大楼，配备各类大型设备，进行特殊的、恶劣条件下的长时间、多种类型的极限试验，保障产品的长期可靠性。在职能设置上，各研发条线均设有可靠性开发部门，主导产品的可靠性检验与管理，推行标准化的可靠性开发方法，并与研发推广/支持部门合作，定期对方法进行检讨与改进。在管理制度上，发那科将缺陷管理程序与规则系统化，搭建缺陷记录数据库，对从调查取证到解决方案的全过程进行记录和追踪，有利于从全局掌握问题处理进度，不断改进和完善可靠性的开发与检验方法。

3.6.3　埃斯顿对标国际标准，加速全产业链布局

埃斯顿是国内最早自主研发交流伺服系统的公司，初期以金属成型机床数控系统和电液伺服系统为主，2010年后凭借自身核心零部件优势开始布局工业机器人产品，以“通用＋细分”的战略布局成为国内工业机器人行业龙头，行业竞争力与技术实力均居国内领先水平。埃斯顿主营业务模块包括自动化核心部件及运动控制系统和工业机器人及智能制造系统两大板块，主要应用于锂电、光伏等新兴行业以及焊接应用等机器人等领域。作为全球工业机器人领域的后发者，埃斯顿在发展方式上，以内生＋外延并举的方式，完善技术布局，巩固与扩大行业竞争力；在研发方向上，契合行业应用的柔性化、智能化需求，以及向下游集成应用延伸的战略导向，聚焦协作机器人及智能化应用软件及激光焊接的产业化；在管理创新上，持续拓展精益化管理的深度和广度，保障需求的高效响应与高质量交付。

自主研发＋外部并购方式，加速全产业链布局。对内，埃斯顿高度重视自主研发力量建设，通过高强度研发投入与高端人才引进，保持国内技术创新的领先优势。近年来公司研发费用率长期保持7%左右，研发人员占比长

期保持在 30%的水平。对外，埃斯顿围绕机器人产业链开展优质资源并购，完善技术产业链布局。在上游环节，基于自身在伺服驱动、伺服电机和控制系统等核心环节的技术实力，以弥补技术空白、增强核心部件的技术实力为目标，进行投资并购，如 2016 年投资意大利机器视觉公司 Euclid，填补视觉技术空白，2017 年收购英国 Trio，加强运动控制技术能力。在下游集成应用环节，以快速获取和吸收应用工艺，打通“核心部件+本体+集成应用”全产业链技术为目标，投资在特定领域的成熟企业，如收购 M. A. i 获取德国智能制造及工业 4.0 最新技术，提升国际化技术水平，收购德国百年机器人企业 Cloos 拓展焊接领域机器人应用。2018—2021 年埃斯顿研发投入情况及变化趋势见图 3 - 15。

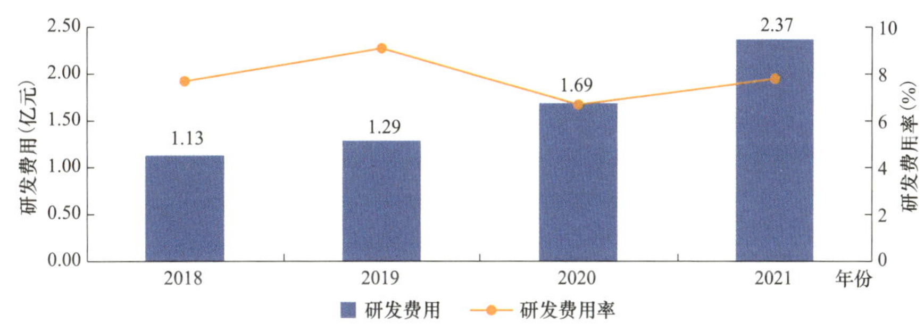

图 3 - 15　2018—2021 年埃斯顿研发投入情况及变化趋势❶

聚焦协作机器人及智能化应用软件研发，满足行业的柔性化、智能化需求。为匹配 3C 行业及康复医疗领域的柔性化作业需求，埃斯顿加大协作机器人的研发支持。2021 年，埃斯顿定增募集资金额 7.95 亿元，用于五大研制项目，主要涉及工业、服务智能协作机器人及核心部件研制、用于医疗和手术的专用协作机器人研制。此外，埃斯顿加速推动工业互联网和工业机器人的深度融合，加速新一代智能化控制平台和应用软件的研制，持续推动在机器人，特别是焊接机器人细分行业的应用，2021 年建立了稳定、可扩展的机器人焊接云平台，在国内电动车、工程车等领域得到广泛运用。

加速生产线优化及管理信息化，支持业务的快速扩张。埃斯顿秉持 All

❶　数据来源：埃斯顿年度报告。

Made By Estun的发展战略，2021年实现关键机械零部件自主加工率90%以上。在业务快速扩张的背景下，为保障需求的快速响应与产品的高质量交付，一是扩大与改进生产线，二是持续拓展精益化管理的深度和广度。在生产线优化上，进一步扩大机器人机械零部件高度自动化、高精度的FMS柔性生产线，提升生产加工的效率和质量。在精益化管理上，推行端到端的管理理念，基于产品的标准化与定制化，建立超级物料清单管理（BOM）模式，实现从销售选配到生产过程跟踪再到产品交付与售后的全流程自动化，保障需求的高效响应。启动制造执行系统（MES）三期建设，实现产品制造工艺路线的细化拆分、厂内物流的优化，进一步强化生产管理、工艺管理、过程管理和质量管理，为制造车间精益生产提供流程与数据支持，保障高质量交付。

3.7 小结与展望

新冠病毒肺炎疫情、数字化与绿色低碳三大因素交织，对企业创新布局提出新的要求。一是新冠病毒肺炎疫情全球蔓延加速重塑国际分工格局，全球价值链本土化趋势，要求领先企业聚焦前沿技术突破，构筑区域产业竞争力。二是数字技术迭代发展加速全球数字技术与实体经济的深度融合，推动跨产业领域的集成创新，要求企业主动寻求数字化转型，获取增量发展空间。三是绿色低碳背景下，电力、汽车、智能制造等重点领域企业加速转型，并以数字化、智慧化技术提升低碳发展水平。在三大因素影响下，领先企业创新呈现出六大共性特征。

瞄准前沿技术创新，抢占发展制高点。在数字化与绿色低碳背景下，数字技术、智能制造、能源领域领先企业强调加快前沿技术创新提升产业竞争优势。数字技术领域，加速人工智能、量子信息等新一代信息技术突破应用；生命科学领域，加快合成生物学、基因编辑、脑科学等生命科学领域变革；制造领域，推进智能化、服务化、绿色化转型；能源领域，推动以清洁

高效可持续为目标的能源技术加速发展。

筑牢自主研发基础，重视内外资源整合。企业以自主创新为主线，以开放式创新为方向，构筑创新体系。一方面，以自主创新能力为核心，保持对核心技术领域的控制力与影响力，打造对外合作的基础；另一方面，在非核心技术领域加强外部开放合作，以技术并购、合作研发、研发外包等方式，充分整合资源，提升企业创新实力。

推动跨界创新合作，加强资本赋能。随着技术创新复杂度与交叉融合态势日益凸显，产业边界变得越来越模糊，全球领先企业在产业布局上更具有跨界和渗透性，通过跨界合作与资本赋能加强技术创新、服务创新与商业模式创新成为企业创新发展的重要方向。一是企业全球创新协作领域日趋丰富，与技术边界外部组织的资源交换和知识交流越发频繁，企业的开放式创新更聚焦跨界连接能力的构建，如智能制造趋势下，制造业企业加快寻求互联网技术、AI 领域的创新合作；制药企业寻求软件算法领域合作，搭建医疗数字手术生态系统。二是更关注以资本运作手段赋能创新发展，以技术并购、孵化投资等方式，增强企业创新实力、加速企业转型发展。

加速数字技术融合，拓展商业模式创新空间。随着数字化的深入推进，企业日益重视数据资源的开发利用，强调建立数据资产管理能力，赋能内部研产销全价值链环节。产业数字化深化推进拓展了企业商业模式创新的场景与空间，加速企业转型与服务能级的提升，如传统电力企业依托区块链、物联网等数字化技术向能源综合服务转型；智能制造发力数字化和软件创新，实现由单一设备提供商向集成服务商转型。

加快绿色低碳转型，获取行业竞争力。绿色低碳成为科技革命和产业变革的主要方向之一，也是企业创新的主流方向。一方面，电力和汽车等高碳排放行业企业抓住绿色低碳下的行业发展空间和技术应用前景，加速绿色技术的创新布局与商业模式革新，形成绿色发展新动能；另一方面，ICT、智能制造等领域企业在行业要求下，加速技术升级与管理流程优化，提升企业能效，适应发展新要求。

提升管理组织效能，应对外部冲击与业务转型需求。一方面，应对供应链停摆冲击、绿色低碳要求等外部环境变化，企业强化供应链管理、业务连续性管理、组织流程优化等，以内部组织管理提升应对外部挑战。另一方面，契合企业转型与新业务发展需求，调整组织结构与运营管理方式。

第 4 章

中国企业创新发展现状及趋势

中国经济向全面建设社会主义现代化国家的新发展阶段迈进，在竞争日益加强的国际环境下，经济发展对企业的原创技术攻关、成果转化能力提出更高要求，中国企业需立足本国国情，充分对标国际领先、吸收借鉴全球领先企业发展经验，谋定创新方向与创新路径。国有企业作为国民经济的中坚力量、中国特色社会主义的重要物质基础和政治基础，在我国企业创新体系中占据重要地位，要求国有企业强化产业链供应链的整体支撑和带动能力，加快原创技术策源地与产业链链长建设。近年来，在“科改示范行动”的推动下，国有企业以保障研发投入、加速体制机制改革、深化创新合作为抓手，加强创新能力建设，实现创新引领发展。

4.1 中国企业创新环境

十九届五中全会提出要坚持创新在现代化建设全局中的核心地位，深入实施创新驱动发展战略。近年来，在创新驱动发展战略的引导下，我国持续优化企业创新新环境，为企业创新发展创造良好条件。一方面，经济高质量发展为企业技术研发、产业创新建立了坚实的产业和经济基础，同时也要求企业依靠创新实现转型升级；另一方面，政府不断加大对创新事业的支持力度，持续通过政策赋能科技创新，2021—2022年持续出台各项政策，在创新顶层设计、创新项目管理、创新成果转化、创新人才培养、创新激励约束等方面进行变革。

4.1.1 经济发展阶段转变对企业创新带来新要求

经济发展模式转型，要求企业强化核心技术创新能力。2002—2021年，我国不断加强创新重视力度，研发投入强度已从1.12%增长到2.44%，推动我国人均GDP从0.11万美元大幅增长至1.25万美元，跨过1万美元的中等收入陷阱临界线，接近世界银行设定的1.27万美元高收入经济体门槛。“十四五”期间，我国正式开启全面建设社会主义现代化国家的新征程，抢

占新一轮科技革命的制高点，在高端、前沿的新兴技术领域建立竞争优势，支持国家的经济和产业持续发展，成为建设社会主义现代化国家的关键举措。但当前我国原创能力不足、技术迭代迟缓等问题突出，导致我国产业存在大量卡脖子技术，关键核心技术对外依存度高，集成电路、汽车发动机、工业机器人核心部件等高端技术环节的国产商品在产量与质量方面难以替代原有进口商品。例如，2017—2021 年，我国集成电路的贸易逆差一直高于 1 万亿元，2021 年更是达到 18 005 亿元，相较 2020 年大幅增加了 1854 亿元。近年来，由于美国对华科技封锁及新冠病毒肺炎疫情冲击，全球供应链停摆加剧，我国企业自主创新能力不强、产业链供应链自主可控能力不足的短板问题进一步暴露。2002—2021 年我国人均 GDP 及研发投入强度见图 4-1。2017—2021 年我国集成电路贸易逆差见图 4-2。

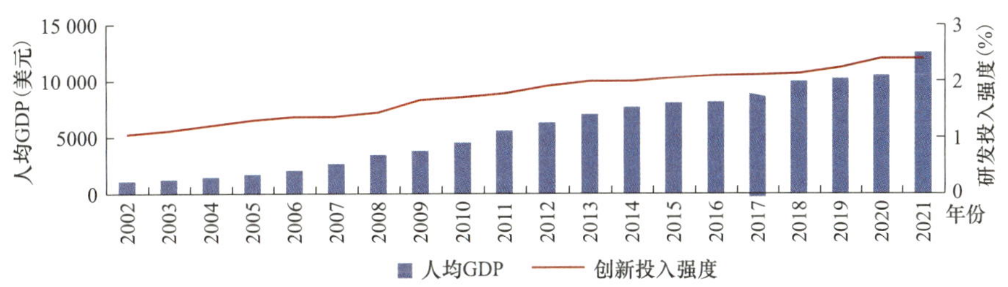

图 4-1　2002—2021 年我国人均 GDP 及研发投入强度❶

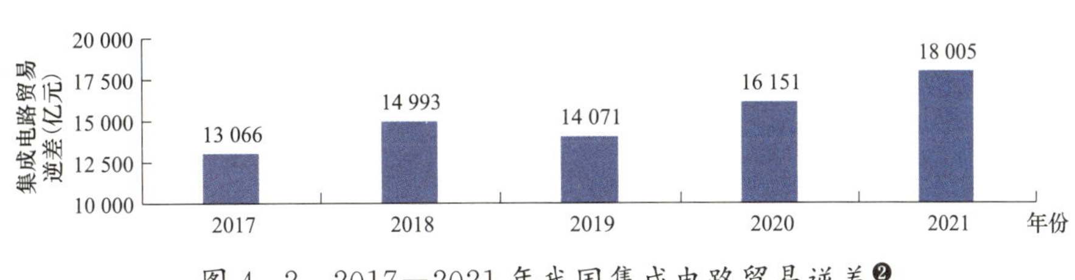

图 4-2　2017—2021 年我国集成电路贸易逆差❷

与此同时，2021 年，在全球疫情反复、供应链愈发脆弱的外部形势下，我国经济发展面临“需求收缩、供给冲击、预期转弱”三重压力，经济发展增长速度放缓，GDP 季度同比增速自 2021 年 6 月起持续降低，工业增加值

❶ 数据来源：国家统计局。

❷ 数据来源：海关总署。

同比增速也同样呈现下滑趋势。在此背景下，企业原先通过要素投入实现规模扩张的发展模式已难以持续，需要探索创新实施路径，构建核心竞争力，以实现可持续发展。2021 年 3 月—2022 年 6 月规模以上工业增加值、GDP 同比增速见图 4 - 3。

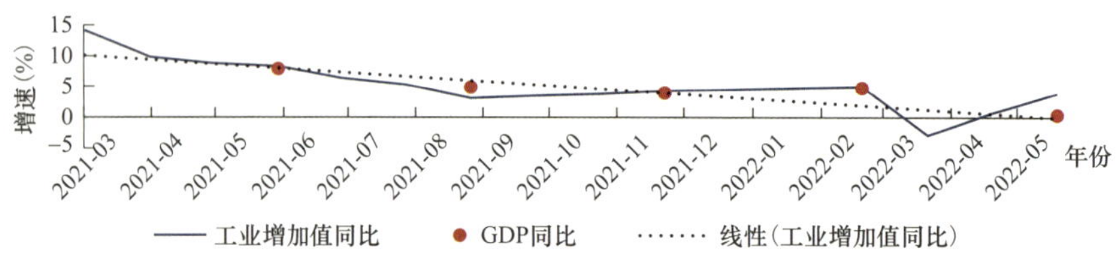

图 4 - 3　2021 年 3 月—2022 年 6 月规模以上工业增加值、GDP 同比增速[1]

为适应新发展阶段要求，应对经济下滑对企业发展带来的挑战，我国持续强化企业创新主体地位，聚焦堵点、断点、卡点补短板，在高端芯片、操作系统、高端光刻机、高档数控机床、高端仪器装备、关键基础材料等严重依赖进口的领域，用好“揭榜挂帅”政策，通过“悬赏制、赛马制、军令状”等方式汇聚“最强大脑”，加强原创性、引领性科技攻关。目前，已有企业开展了探索及实践，例如，芯片技术方面，华为通过持续研究攻关，自研出鲲鹏高性能处理器，并基于该技术创新成功打造了“鲲鹏云生态”，可提供 PC、服务器、存储、虚拟化、数据库、云服务等方面的技术服务，缩小了我国与发达国家的技术差距，有效赋能了数字经济发展。操作系统方面，麒麟软件公司于 2022 年成功打造出国内首个桌面操作系统开发者平台“开放麒麟”，通过聚拢国内十几家操作系统厂商和相关科研机构及行业精锐人才，将推动构建我国自主开源桌面操作系统的生态能力，并打造开源社区的核心价值能力体系。

4.1.2　支持政策持续出台推动构建创新良好环境

我国将科技创新摆在国家发展全局的核心位置，大力实施创新驱动发展战略，围绕科技进步和经济发展结合的主线持续推进科技体制改革。2021

[1] 数据来源：国家统计局。

年，国家相继出台《关于深入推进全面创新改革工作的通知》与《中华人民共和国科学技术进步法》两大创新顶层设计文件，重点强调要促进各类创新要素向企业集聚，提高企业技术创新能力，进一步强化企业创新主体地位。以此为导向，政府部门正着力从强化要素、优化机制等方面完善健全科技创新政策体系，支持企业创新发展。

创新要素政策重点关注专业技能人才培养与企业研发投入激励。创新要素是科技创新的基础条件，2021 年我国出台多项政策文件深入推进人、财两类创新要素建设，促进科技创新活动效率提升。**人才队伍建设上**，我国着力完善创新人才教育培养模式，出台《关于全面推行中国特色企业新型学徒制 加强技能人才培养的指导意见》《专业技术人才知识更新工程实施方案》等政策文件重点强化专业技能人才培养。其中，《关于全面推行中国特色企业新型学徒制 加强技能人才培养的指导意见》提出企业要充分利用技能大师（专家）工作室、劳模和工匠人才创新工作室等技能人才培养阵地，通过“名师带高徒”“师徒结对子”等持续培养专业技能人才；《专业技术人才知识更新工程实施方案》提出企业要加强人才内部培养培训与工程培养培训任务的衔接，在实践中集聚和培养创新型人才，培养造就一批创新型、应用型、技术型人才，壮大高水平工程师队伍。**研发投入激励上**，我国出台《关于进一步落实研发费用加计扣除政策有关问题的公告》《关于“十四五”期间支持科技创新进口税收政策的通知》等政策缓解科技型企业税负压力，促进企业主体加大研发投入。其中，《关于进一步落实研发费用加计扣除政策有关问题的公告》提出通过扩大政策优惠适用期限、优化简化研发支出辅助账样式、调整优化计算方法等举措，促进企业提前享受研发费用加计扣除优惠，缓解资金压力并增加研发投入；《关于“十四五”期间支持科技创新进口税收政策的通知》提出对企业国家重点实验室，国家产业创新中心、国家企业技术中心，国家中小企业公共服务示范平台（技术类）等多类型企业机构在科技创新进口时给予一定的税收优惠，以降低企业研发负担，激发研发投入热情。

创新机制改革重点关注项目资金管理、科技成果转化与科技成果评价。盘活创新要素需要以健全的创新机制作为支撑，为此，我国正按照“面向世界科技前沿、面向经济主战场、面向国家重大需求、面向人民生命健康”的战略方向，深入推进科技创新体制机制改革向纵深发展。**项目资金管理机制上**，2021 年国家出台《关于改革完善中央财政科研经费管理的若干意见》《中央引导地方科技发展资金管理办法》等一系列政策改进科研项目中资金使用效益不高的突出问题。其中，《关于改革完善中央财政科研经费管理的若干意见》强调要从推进科研经费无纸化报销、简化科研项目验收结题财务管理、优化科研仪器设备采购等方面减轻企业科研人员的财务事务性负担；《中央引导地方科技发展资金管理办法》中提出要引导中央财政创新转移支付资金支持企业建立科研创新基地和区域内科技型中小企业开展科技研发活动。**科技成果转化机制上**，2021 年国家出台了新版《国家科技成果转化引导基金管理暂行办法》，对支撑创新成果转化的资源要素配置做出了重大修改，一方面在总则中去除了旧版里贷款风险补偿、绩效奖励的支持方式，体现出支撑创新成果转化的资源要素将逐步实现完全市场化配置；另一方面首次明确国家科技成果转化引导基金子基金将重点倾斜种子期、初创期、成长期科技型中小企业，支持其充分释放创新动能。**科技成果评价机制上**，2021 年国家发布了《关于完善科技成果评价机制的指导意见》（以下简称《意见》），在全面准确评价科技成果价值、推进国家科技项目成果评价改革、完善科技成果评价激励和免责机制等方面对企业提出新的要求。全面准确评价科技成果价值上，《意见》要求企业技术价值评价要重点突出其在重大关键核心技术问题方面的创新成效。推进国家科技项目成果评价改革上，《意见》提出要加大高质量专利转化应用绩效在企业评价中的权重，把专利战略布局纳入评价范围，不简单以申请量、授权量作为评价指标。完善科技成果评价激励和免责机制上，《意见》一方面提出要将科技成果转化绩效作为国有企业创新能力评价的核心要求，并细化完善有利于转化的职务科技成果评估政策，激发科研人员创新与转化的活力；另一方面要求国有企业要对科技

成果转化尽责担当，积极建立成果评价与转化行为负面清单，完善尽职免责规范和细则，推动成果转化相关人员按照法律法规、规章制度履职尽责，依法依规一事一议确定相关人员的决策责任。2021 年中国重点科技创新政策见表 4 - 1。

表 4 - 1　　2021 年中国重点科技创新政策

政策维度	中央政策	政策关注重点	政策主要内容
要素政策	《关于全面推行中国特色企业新型学徒制加强技能人才培养的指导意见》	专业技术人才培养	提出要充分利用技能大师工作室等技能人才培养阵地，通过“名师带高徒”“师徒结对子”等方式赋能企业专业人才培养
	《专业技术人才知识更新工程实施方案》		重视发挥企业作用，加强用人单位人才培养培训与工程培养培训任务的衔接，培养造就一批创新型、应用型、技术型人才
	《关于进一步落实研发费用加计扣除政策有关问题的公告》	研发投入激励	通过扩大政策优惠适用期限、优化简化研发支出辅助账样式、调整优化计算方法等举措，促进企业提前享受研发费用加计扣除优惠
	《关于“十四五”期间支持科技创新进口税收政策的通知》		对企业国家重点实验室、国家企业技术中心等多类型企业机构在科技创新进口时给予一定的税收优惠
创新机制改革	《关于改革完善中央财政科研经费管理的若干意见》	研发资金管理机制	从推进科研经费无纸化报销、简化科研项目验收结题财务管理、优化科研仪器设备采购等方面减轻企业科研人员的财务事务性负担
	《中央引导地方科技发展资金管理办法》		引导中央财政对地方的转移支付资金用于支持企业建立科研创新基地和区域内科技型中小企业开展科技研发活动
	《国家科技成果转化引导基金管理暂行办法》	科技成果转让机制	国家科技成果转化引导基金子基金将重点支持转化应用科技成果的种子期、初创期、成长期的科技型中小企业
	《关于完善科技成果评价机制的指导意见》	科技成果评价机制	企业技术价值评价要重点突出其在重大关键核心技术问题方面的创新成效；加大高质量专利转化应用绩效在企业评价中的权重等

在国家一揽子创新政策的持续推动下，我国企业的创新活力不断增强，掌握关键核心技术的创新企业与创新平台持续涌现。**创新企业规模上**，2016—2020年，我国高新技术企业总量由10万家持续增长至27万家；“专精特新”企业共有4762家，其中的307家上市企业主要分布在机械设备、化工、生物医药、ICT、汽车等我国“卡脖子”问题突出的领域[❶]，我国产业链供应链的短板弱项正加快补齐。**企业创新平台规模上**，2021年我国国家级企业技术中心、国家级制造业创新中心分别有1601个、21个，较2017年分别提升了325个与19个，越来越多的科技型企业实现了自主创新能力的跨越式提升，并正发挥积极带动示范作用，通过建立行业创新平台带动上下游企业协同发展。2012年、2017年与2021年中国国家级企业技术中心数量见图4-4。2016—2021年中国国家级制造业创新中心数量见图4-5。

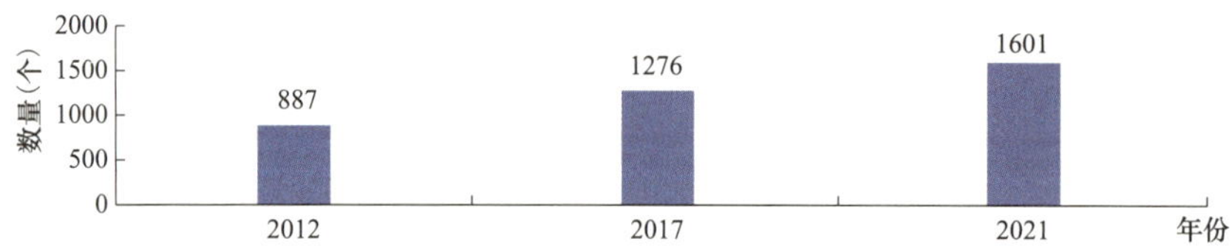

图4-4　2012年、2017年与2021年中国国家级企业技术中心数量[❷]

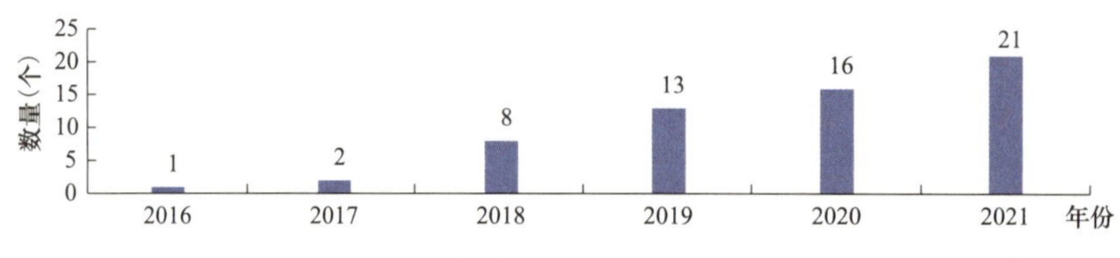

图4-5　2016—2021年中国国家级制造业创新中心数量[❸]

4.2　中国企业创新趋势

在经济及政策环境的双重推动下，中国企业的创新动能不断增强，研发

❶ 截至2021年8月。

❷ 数据来源：国家发改委。

❸ 数据来源：工信部。

投入持续增长，创新投向不断聚焦数字经济、高端装备制造等尖端领域，国有企业与民营企业创新活力不断释放，创新活动向重点区域集聚的特征愈发突出。企业创新投入的持续增加推动了创新产出的快速增长，我国企业在专利持有数量、创新产品销售收入等关键创新产出指标上均保持逐年上升的发展态势，但创新产出效率相比美国、日本等发达国家仍有较大差距，且创新产出的区域不均衡问题突出，需要给予充分关注。

4.2.1　企业创新投入持续增加，尖端化、集聚化趋势显著

(1) 企业整体创新投入规模保持增长，领先企业创新势头依然强劲。中国企业整体视角。我国企业深入贯彻实施创新驱动发展战略，近年来持续加大研发经费及研发人员投入。研发经费投入上，2016—2020 年，我国规模以上工业企业的研发投入年均增速超过 10%，研发经费投入总额已由 1.09 万亿元大幅提升至 1.53 万亿元。研发人员投入上，我国规模以上工业企业研发全时当量在 2016—2020 年同样呈现逐年递增的趋势，2020 年研发全时当量已达 346.04 万人年，同比增长约 9%。2016—2020 年我国规模以上工业企业研发经费投入与研发人员全时当量见图 4-6。

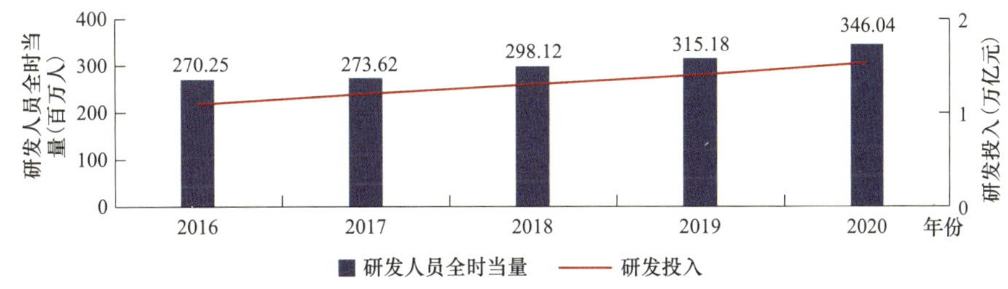

图 4-6　2016—2020 年我国规模以上工业企业研发经费投入与研发人员全时当量[1]

中国领先企业视角。我国领先企业的创新势头强劲，创新投入规模与创新投入强度均保持快速增长。2021 年，中国企业进入《欧盟工业研发投资记分牌》的数量大幅增加，达 597 家，较 2020 年增长 61 家，增量居全球首位。创新投入规模上，2021 年上榜企业研发投入规模合计达 1410 亿欧元，

[1] 数据来源：国家统计局。

全球占比由13.1%升至15.5%，仍保持近十年来的稳步上升趋势。值得关注的是，在疫情冲击下，全球上榜企业研发投入增速由2020年的9.8%骤降至2021年的0.5%，而中国上榜企业表现更为稳健，增速仅由23.3%降至18.6%，仍保持较高水平增长。创新投入强度上，2021年中国领先企业研发投入强度达3.7%，较2020年增长0.4%，保持近年来的增长态势不变。与高收入经济体平均水平相比，2020—2021年中国研发投入强度差距呈扩大趋势，从1.3%上升至1.5%。上述变化主要由高收入经济体领先企业营收规模大幅下滑所致，受新冠病毒肺炎疫情冲击，2021年高收入经济体上榜企业营收规模大幅下降12.8%，而中国领先企业表现相对稳健，营收增长率达7%。2009—2021年中国上榜企业研发投入水平与全球占比变化情况见图4-7。2020年与2021年全球与中国上榜企业研发投入水平增长情况见图4-8。2020年与2021年中国与高收入经济体研发投入强度对比情况见图4-9。

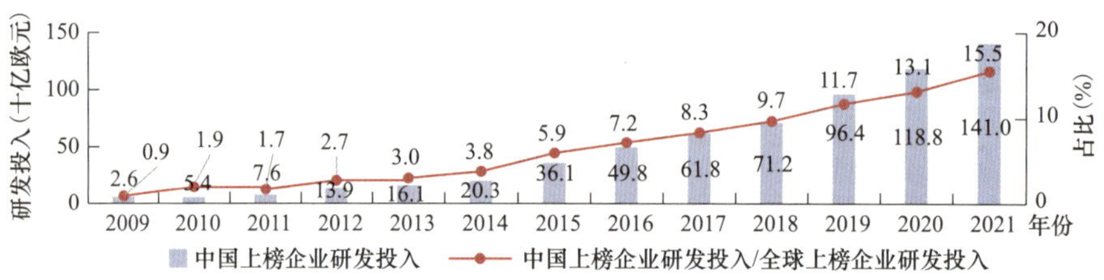

图4-7　2009—2021年中国上榜企业研发投入水平与全球占比变化情况

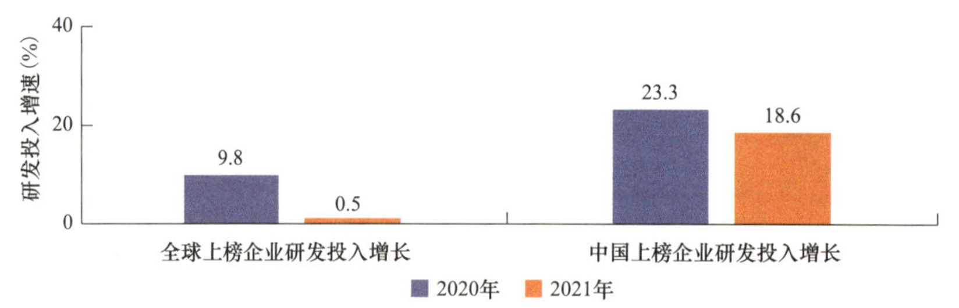

图4-8　2020年与2021年全球与中国上榜企业研发投入水平增长情况

（2）国有与民营领先企业创新活力不断增强，错位发展格局更加凸显。 **中国领先企业创新投入规模视角**。一方面，国有企业是我国科技创新主力军，中央企业在国有企业创新中发挥引领作用。2021年，国有企业在重组整合趋势下，创新效能不断增强，全球创新2500强上榜企业研发投入占国

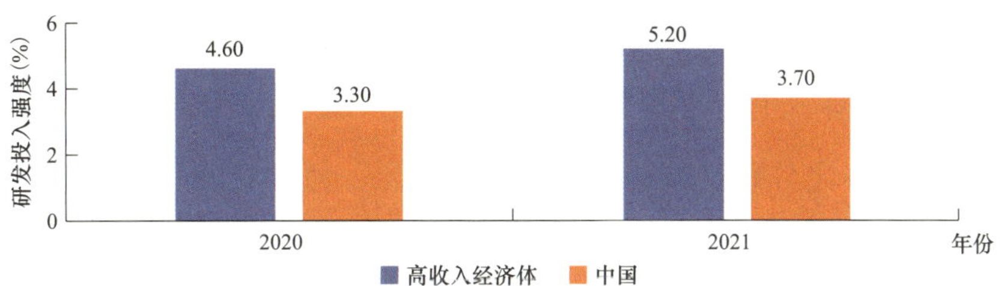

图 4-9　2020 年与 2021 年中国与高收入经济体研发投入强度对比情况

内上榜企业的比重为 37.8%，较上年度提升 0.5%，平均研发投入达 2.7 亿欧元，较上年度增长 12.4%。此外，共有 92 家中央企业入围全球创新 2500 强，占上榜国企总量的 53.1%；研发投入总额占比达 64%，较上年度增长 1%；平均研发投入达到 3.7 亿欧元，较上年度增长 15.3%，规模优势进一步强化。另一方面，民营企业是推动中国创新领先企业增长的重要力量。2016—2020 年，我国规模以上民营企业的研发投入总量持续增长，由 2801 亿元提升至 5647 亿元。民营企业中，2021 年全球创新 2500 强上榜数量达 401 家，占比为 67.2%，较 2020 年增长 1.3%。其中，新上榜企业 48 家，占国内新上榜企业数量的 78.7%，涌现出如华大基因、孚能科技、快手、小鹏汽车等创新新势力。2020 年、2021 年中国国企和民企全球 2500 强榜单上榜情况见图 4-10。

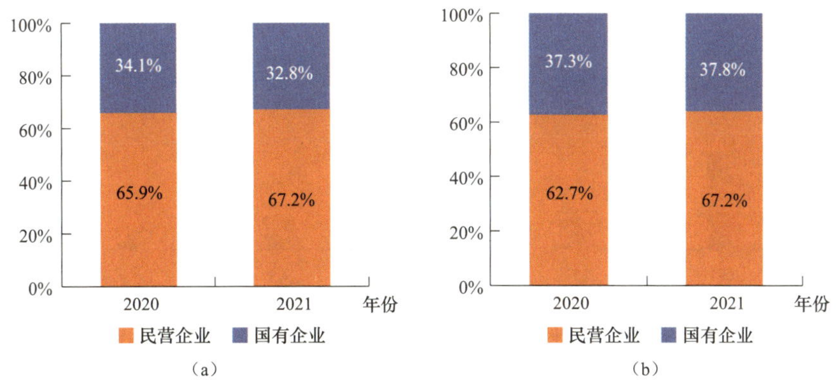

图 4-10　2020 年、2021 年中国国企和民企全球 2500 强榜单上榜情况

(a) 上榜企业数量；(b) 上榜企业研发投入

中国领先企业创新投入结构视角。国有领先企业与民营企业错位布局特征明显。一方面，国有领先企业基于自身功能定位出发，在关系国计民生的

关键领域发挥重要作用。2021年国有全球创新2500强企业的研发投入主要集中于建筑和材料、工业工程等基础建设领域，研发投入分别为172亿欧元与55亿欧元，占比分别达到32.3%与10.3%。另一方面，民营领先企业具有创新的灵活性优势，重点布局技术迭代速度快、规模化程度相对较低的领域。2021年民营全球创新2500强企业的研发投入主要集中于技术硬件和设备以及互联网、软件和计算机领域，投入规模分别为232亿欧元与220亿欧元，占比分别为26.5%与25.1%。2020年、2021年中国央企和地方国企全球2500强榜单上榜情况见图4-11。2020年、2021年中国国有领先企业研发投入行业分布见图4-12。2020年、2021年中国民营领先企业研发投入行业分布见图4-13。

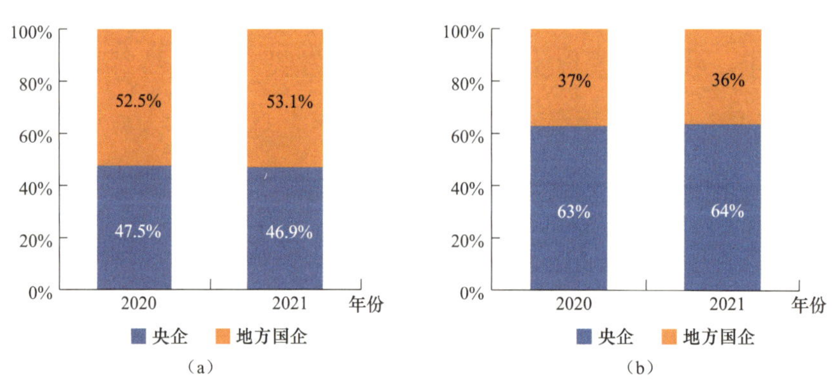

图4-11　2020年、2021年中国央企和地方国企全球2500强榜单上榜情况

(a) 上榜企业数量；(b) 上榜企业研发投入

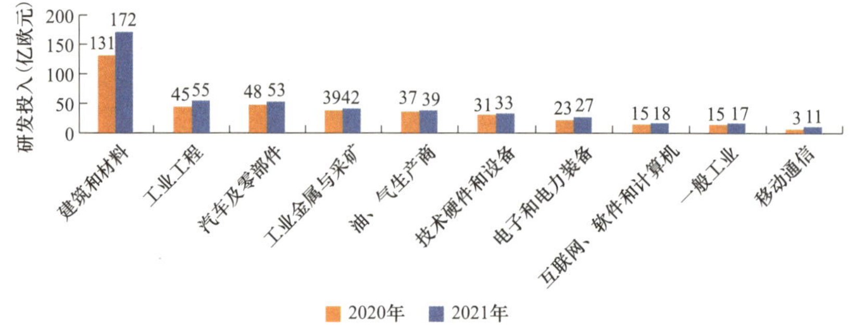

图4-12　2020年、2021年中国国有领先企业研发投入行业分布

(3) 企业整体创新投入聚焦尖端领域，领先企业产业集聚趋势愈发显著。中国企业整体视角。在数字中国、制造强国等国家战略导向下，发展数

字产业、高端装备制造等尖端产业已成为构筑国家竞争新优势的必然选择，我国企业顺应这一趋势，正不断加大对相关产业的研发投入力度。横向上，2020 年我国企业在计算机、通信及其他电子设备行业，电气机械及器材制造业，汽车制造业上的投入最多，三者的研发投入占工业企业总研发投入的比重分别为 19.1%、14.3%、8.9%，显著领先其他行业。纵向上，近 10 年间，我国企业在尖端技术领域的研发投入费用持续快速增长，其中，计算机、通信及其他电子设备行业的研发经费增长最快，已由 2011 年的 941 亿元大幅提升至 2020 年的 2915 亿元，占企业总研发经费投入的比重也相应增加了 4.8%。2011 年与 2020 年中国分行业规模以上工业企业研发投入占比（前 10）见图 4-14。

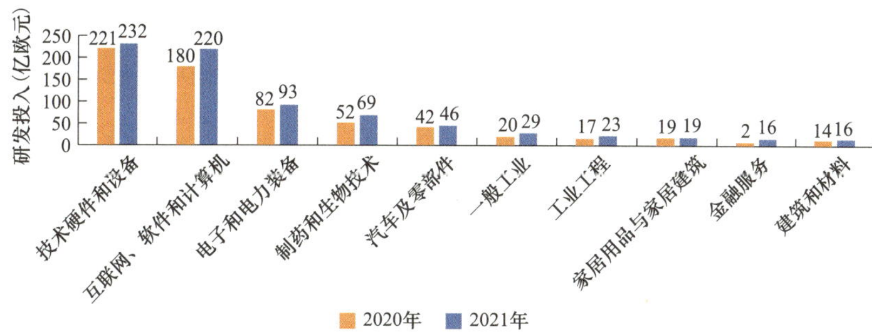

图 4-13　2020 年、2021 年中国民营领先企业研发投入行业分布

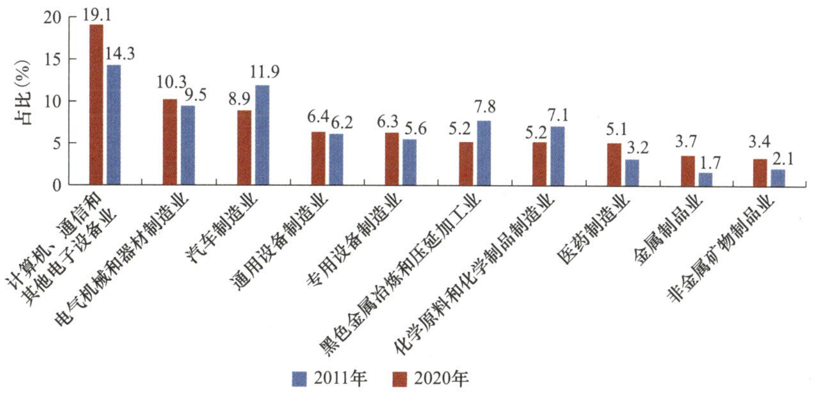

图 4-14　2011 年与 2020 年中国分行业规模以上工业企业研发投入占比（前 10）[1]

---

[1] 分行业规模以上工业企业研发投入占比=分行业规模以上工业企业研发总投入/规模以上工业企业研发总投入，数据来源于 2020—2021 年《中国科技统计年鉴》。

中国领先企业视角。在国家战略的持续引导下，中国创新领先企业的产业分布正不断集中于新兴产业及待转型的传统产业。一方面，ICT等新型产业仍是中国领先企业创新的重点，制药与生物技术、ICT服务领域研发投入增长显著。研发投入总量上，2021年，中国ICT领域全球2500强上榜企业数量合计达201家，占比为33.7%，研发投入合计为622亿欧元，占比达44.2%。研发投入增量上，受企业在疫情背景下加强抗疫药物研发、向线上经济转型等因素的推动，ICT服务、制药与生物技术两大领域上榜企业数量与研发投入增速均保持较高水平。其中，制药与生物技术增长尤为突出，上榜企业数量较上年增加17家，上榜企业研发投入较上年增长30.8%。另一方面，建筑与材料、工业工程等传统支柱产业创新升级加快进行。研发投入规模上，2021年，中国建筑与材料、工业工程领域创新领先企业研发投入均实现高速增长，较上年度分别增长29.2%与27.0%，远高于国内18.6%的平均水平。研发投入结构上，2021年建筑与材料、工业工程两大传统领域研发投入均扭转了长期以来的下降趋势，占比分别达13.3%与5.5%，较2020年分别增长1.1%与0.3%。推动传统产业企业创新提速的关键在于新基建与“双碳”目标对建筑与材料领域企业的智慧化、绿色低碳转型提出要求，强调通过科技创新攻克关键核心技术，实现智能建造、绿色建造，打造未来城市；以及在中美贸易摩擦叠加疫情冲击背景下，传统工业装备制造企业亟需通过技术创新，加速数字化技术融合，增强企业竞争力。2020年、2021年中国上榜领先企业行业分布见图4-15。2020年、2021年中国领先

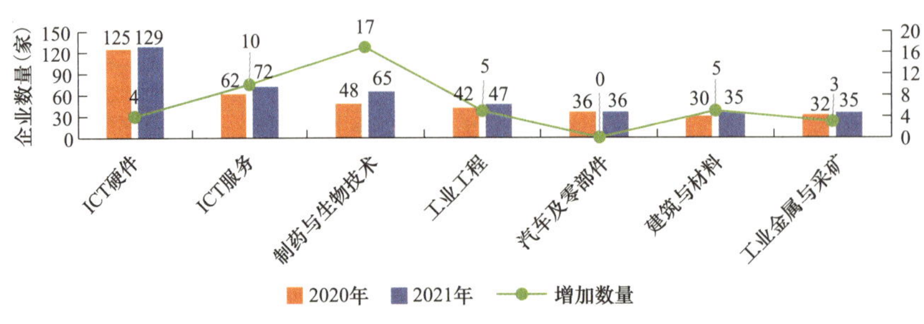

图4-15　2020年、2021年中国上榜领先企业行业分布

企业研发投入行业分布见图 4-16。2014—2021 年建筑与材料、工业工程领域领先企业研发投入占比见图 4-17。

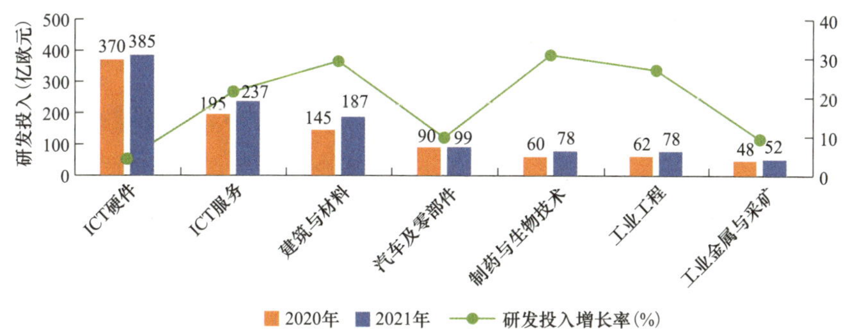

图 4-16 2020 年、2021 年中国领先企业研发投入行业分布

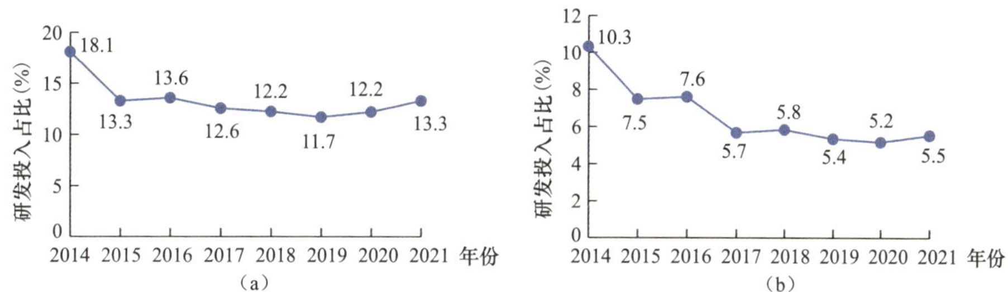

图 4-17 2014—2021 年建筑与材料、工业工程领域领先企业研发投入占比

(a) 建筑与材料；(b) 工业工程

(4) 东部地区企业创新投入优势显著，领先企业向重点区域聚集趋势明显。 **中国企业整体视角**。国内企业整体创新投入分布与区域经济发展水平呈现出较强的正相关性，东部发达地区凭借较强的经济实力，为创新提供优越的基础条件，创新投入规模更大。2020 年，广东、江苏、浙江、山东、上海、北京六大东部发达地区的企业研发投入分别为 2905 亿元、2600 亿元、1610 亿元、1502 亿元、1039 亿元与 990 亿元，分列全国第 1～6 位，合计研发投入 10 647 亿元，占全国企业总研发投入的比重高达 58%。2021 年中国各省市全部企业研发投入情况见图 4-18。

中国领先企业视角。在资金、政策、人才等多重要素的持续倾斜下，中国创新领先企业正加速向东部重点地区布局。上榜企业数量方面，主要分布于东部发达省市，2021 年中国全球 2500 强上榜企业集中分布于北京、广东、

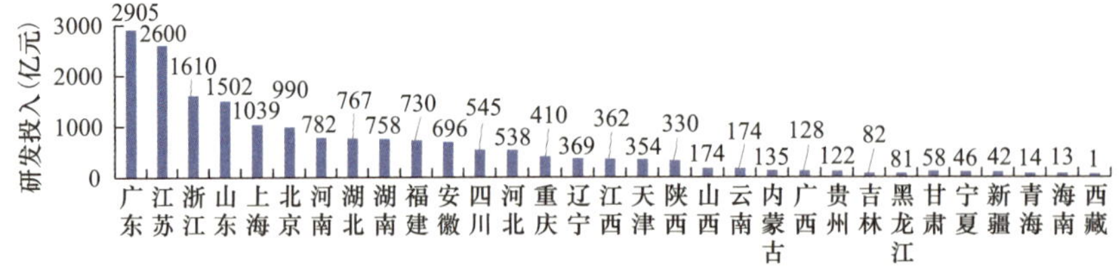

图 4 - 18　2020 年中国各省市全部企业研发投入情况❶

浙江三大省市，上榜数量分别为 103 家、95 家与 78 家，占全国上榜企业总量的 46.2%，其次为上海、江苏、山东与香港，位列全国第二梯队，上榜企业数量在 30～50 家。上榜数量增长方面，北京与浙江上榜企业数量增长领先全国，2021 年分别增加 15 家与 14 家，其中，北京首次超过广东成为上榜企业数量最多的省市。其余省市上榜企业增量在 4 家以内，黑龙江、重庆、云南等东北、西南地区甚至出现负增长。产业布局方面，重点地区在巩固优势产业基础上，正加紧补强 ICT 服务、制药与生物技术领域创新能力。长期以来，北京在 ICT 服务领域创新优势突出，广东聚焦 ICT 硬件领域，浙江重点布局电子和电力装备，上海形成以生物制药产业为核心的创新集聚区。2021 年，上述重点地区均进一步调整优化产业布局结构，加大了 ICT 服务、制药与生物技术等前沿领域的创新布局。2020—2021 年，北京、浙江与广东等地制药和生物技术领域企业上榜数量在省内的排名分别上升 2 位与 1 位，浙江、上海 ICT 服务领域企业数量排名分别上升 3 位与 2 位。2021 年中国上榜企业区域分布与增长情况见图 4 - 19。2020—2021 年重点地区上榜企业行业分布情况见图 4 - 20。

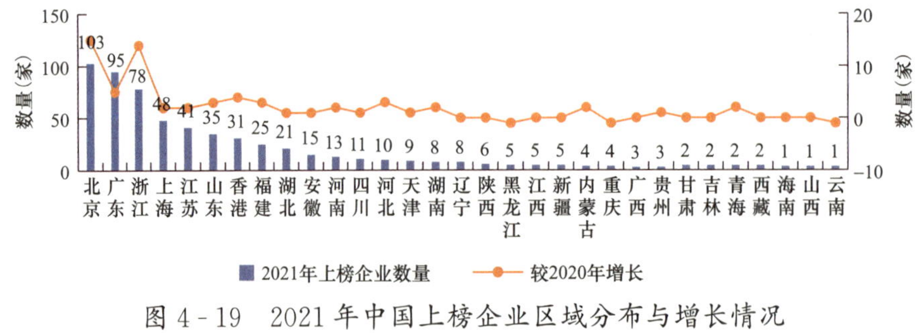

图 4 - 19　2021 年中国上榜企业区域分布与增长情况

❶　数据来源：2021 年《中国科技统计年鉴》。

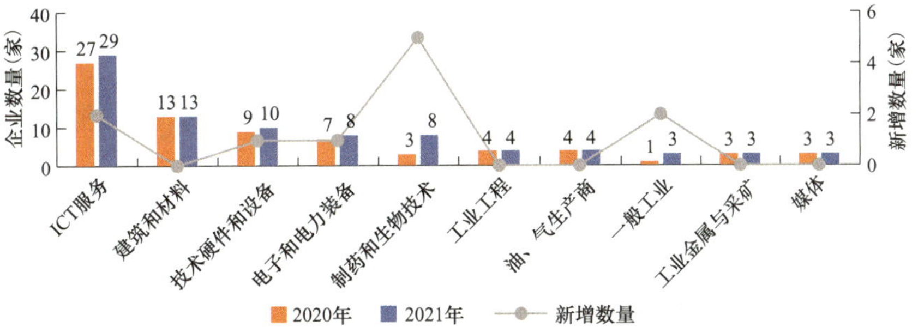

（a）

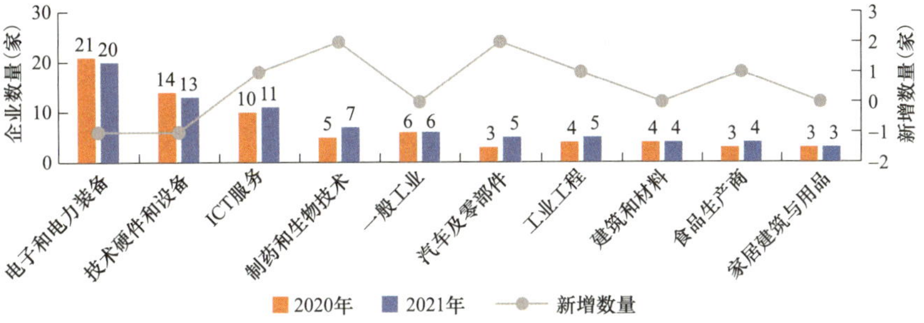

（b）

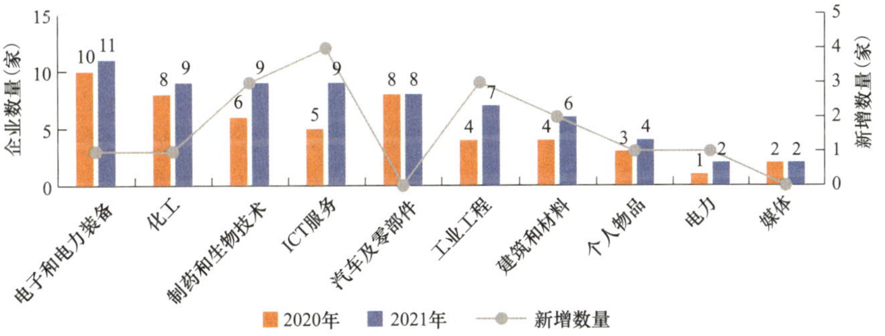

（c）

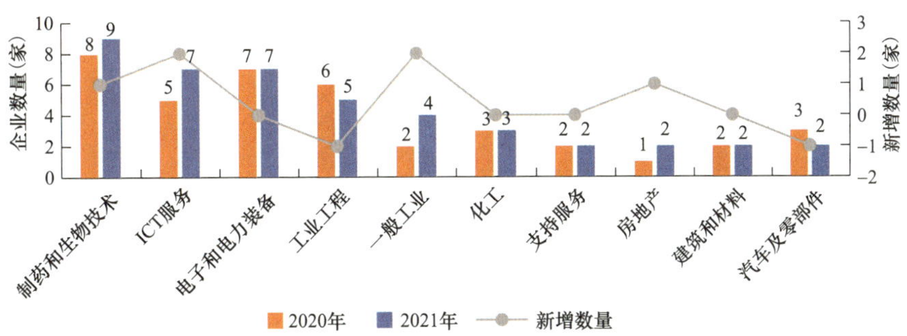

（d）

图 4-20　2020—2021 年重点地区上榜企业行业分布情况

（a）北京；（b）广东；（c）浙江；（d）上海

4.2.2 企业创新产出规模不断增加，但质量仍有待提升

企业创新产出总量快速增长，但创新产出质量有待提升。我国企业创新产出增长主要反映在企业专利持有数量增加、企业创新产品销售收入增加两个方面。**企业专利持有情况上**，国家统计局数据显示，2016—2020 年，全国规模以上工业企业拥有的有效发明专利数量持续上升，2020 年底时已达 144.8 万件，较 2016 年增长 88%。**企业创新产品销售收入上**，2020 年我国规模以上工业企业的新产品销售收入为 23.8 万亿元，同比增长约 10%。虽然我国企业创新产出的增长势头强劲，但创新产出的整体质量与美国等科技强国相比仍存在较大差距。世界知识产权组织数据显示 2020 年 PCT 专利申请量中有效专利仅占 26%，而同期美国、日本、韩国的有效专利比例分别高达 55%、63%与 52%。中国规模以上工业企业新产品销售收入与有效发明专利情况见图 4-21。2020 年主要国家有效 PCT 专利数量与申请总量之比见图 4-22。

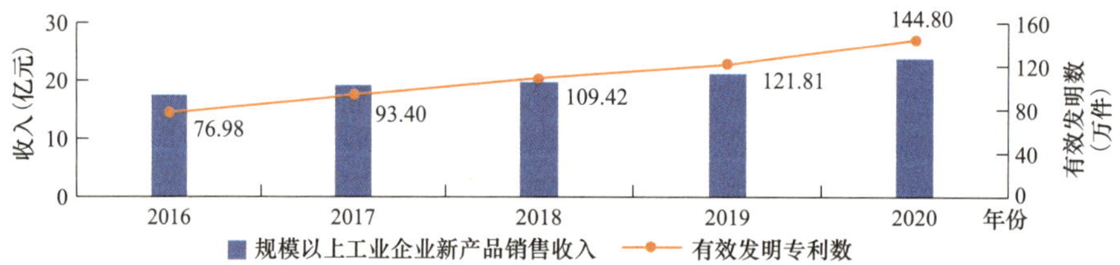

图 4-21 中国规模以上工业企业新产品销售收入与有效发明专利情况[1]

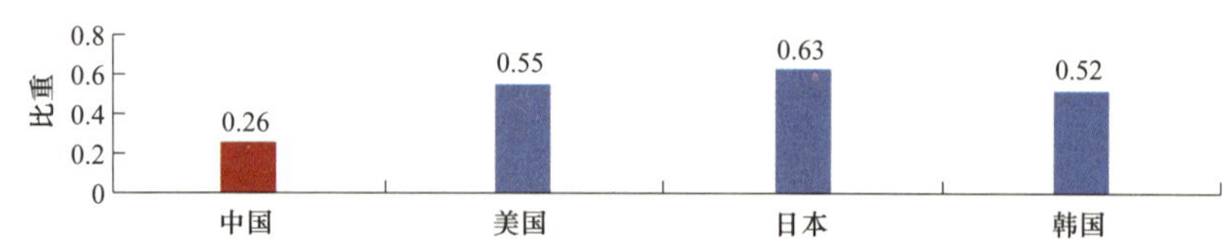

图 4-22 2020 年主要国家有效 PCT 专利数量与申请总量之比[2]

中央企业与民营企业创新产出规模持续提升。近年来，我国中央企业与民营企业持续加大创新产出重视力度，创新产出总量不断上升。其中，

[1] 数据来源：国家统计局。

[2] 数据来源：世界知识产权组织。

2016—2020 年，中央企业有效发明专利拥有量从 178 476 件增长至 376 358 件，年均增长率高达 20.5%；民营企业有效发明专利拥有量从 180 490 件提升至 537 734 件，接近翻 3 倍。2016—2020 年中央企业与民营企业有效专利拥有量见图 4-23。

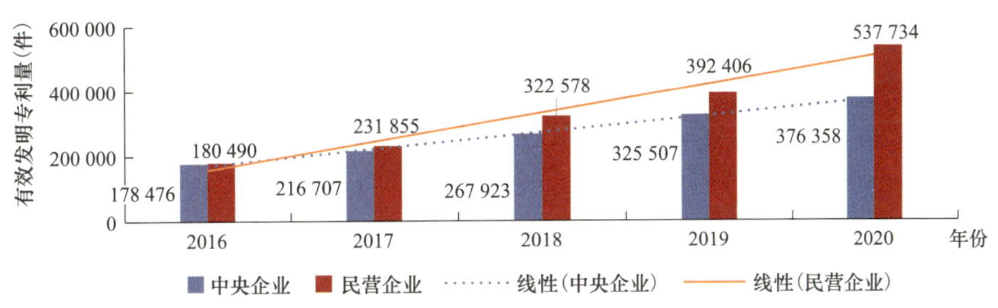

图 4-23 2016—2020 年中央企业与民营企业有效专利拥有量[1]

企业的创新产出集中于计算机技术、装备制造等尖端领域。我国企业依托在数字经济、高端装备制造、生物医药等高技术行业的高研发投入，实现了创新产出的迅猛增长，有力支撑了我国经济社会高质量发展。2020 年底，我国计算机通信、电气机械和器材制造业、专用设备制造业三大高技术行业规模以上工业企业的有效发明专利数量分别为 40.2 万件、16.8 万件与 13 万件，占总量的比重分别达到 27.8%、11.6%和 9%，位居所有行业前三名。2020 年中国分行业规模以上工业企业有效发明专利拥有量及占比（前 10）见图 4-24[2]。

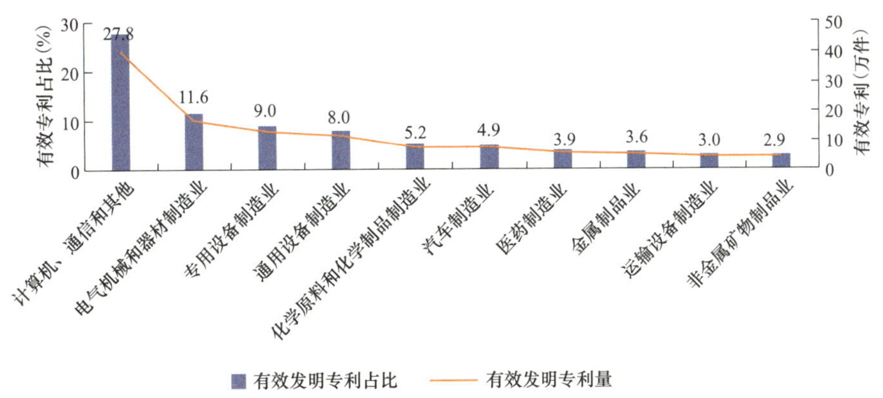

图 4-24 2020 年中国分行业规模以上工业企业有效发明专利拥有量及占比（前 10）

[1] 中央企业有效发明专利数据来源于国务院国资委；民营企业统计口径为规模以上民营企业，数据来源于国家统计局。

[2] 数据来源：2021 年《中国科技统计年鉴》。

企业创新产出的区域分化现象显著。《中国科技统计年鉴》数据显示，2020 年我国东部地区、中部地区、西部地区、东北地区的规模以上工业企业有效发明专利数分别为 104.9 万件、22.5 万件、13.0 万件与 4.4 万件，东部地区规模以上工业企业有效发明专利量占全国规模以上工业企业有效发明专利的比重高达 72.4%，领先其他地区。其中，广东、江苏、浙江三大东部省份凭借在创新活动上的持续高投入，巩固了创新产出的优势地位，规模以上工业企业有效发明专利数分别达到 43.6 万件、22.5 万件与 9.3 万件，位列所有省级行政区（除香港、澳门外）的前 3 位，而甘肃、宁夏、青海、西藏等西部地区由于创新基础较为薄弱，企业整体创新效能有待加强，规模以上工业企业有效发明专利数分别仅为 0.4 万件、0.3 万件、0.1 万件与 0.02 万件，在省级行政区中处于末端水平，与东部发达地区的差距十分明显。2020 年中国有效发明专利的区域分布情况见图 4 - 25。

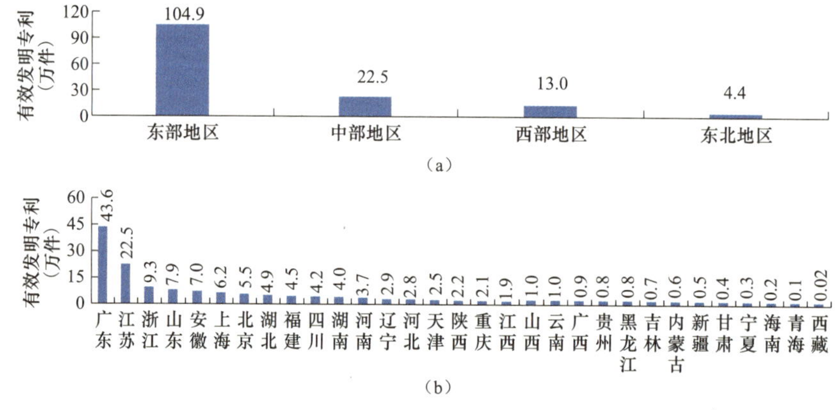

图 4 - 25　2020 年中国有效发明专利的区域分布情况

(a) 有效发明专利分布（按地理区位划分）；(b) 有效发明专利分布（按行政区域划分）

4.3　创新驱动战略下国有企业创新趋势

科技创新已经成为国际战略博弈的主要战场，国有企业作为科技创新的国家队，需加强关键核心技术攻关力度，加快突破“卡脖子”技术，在支撑国家战略和现代化经济体系建设中发挥重要作用。2022 年国务院国资委成立科技创新局，引导中央企业深入实施创新驱动发展战略，科技创新在国有企业高质量发展中的重要性日益凸显。自 2019 年国务院国有企业改革领导小组办公室印发《百户科技型企业深化市场化改革提高自主创新能力专项行动方案》（以下简称“科改示范行动方案”或“方案”）以来，国有企业围绕科技创新决策、科研项目管理、科技成果转化、创新人才培养、创新激励约束、创新开放合作等方面进行创新探索，成为改革创新的有益示范。本节聚焦科改示范企业改革实践，探索国有企业创新机制改革趋势。

4.3.1　重视创新顶层设计

国有企业日益重视创新体系建设，在组织层面打造由科技委员会为引领，多级科研体系为支撑的研发体系，保障科研活动的高位推动与落地承接。在创新方向上，以培育自主研发能力、加强创新的应用转化为导向，指导科研选题与科研运行管理机制设计。

强调创新组织的顶层引领与多级创新体系建设。**顶层组织上，**多数企业成立科技创新部、设立科技委员会，发挥专家委员对科技创新的决策支持和引领作用，统筹开展科技创新规划、创新管理、创新合作、咨询评议等工作，通过制定技术发展路线图、技术创新发展规划，加强统筹引领。如中船重工信息科技、联通在线等均设置企业科技创新委员会，形成顶层决策支持，并全方位服务于创新资源协同与创新管理体系建设；电信集成公司成立科技创新部统筹科技创新规划和发展。**科研体系建设上，**企业结合自身特点构建多级科研体系，打通技术创新由基础、前瞻性引领到应用转化的链条。如中国建研院下属建研防火科技搭建两级科研体系，公司层面侧重战略性、前瞻性核心技术研究，经营团队侧重于面向生产经营的新技术、新产品研发。中煤天津设计工程公司在设计院与研究院“两院”共建的背景下，设计研究所、创新工作室与专项事业部三级研发机构，其中，研究所为专项科研项目统筹管理机构，负责资源保障、组织管理和成果转化，创新工作室为科研课题发起者，专项事业部为成熟课题承载机构，通过融通互补、递进支撑，打造覆盖由课题立项到成果转化的创新体系。

关注自主研发能力建设与市场导向的创新管理。一是企业逐步强化自主研发能力建设，以基础研究、卡脖子技术、前沿探索技术为主攻方向，培育核心竞争力。如航天科工下属航天电器调整上海研究院定位，实现由一般产品研发向关键共性技术研究和重大平台性产品开发的创新转型，充分发挥技术创新引领作用；安徽星瑞齿轮传动公司以产品关键技术突破为指引，推进“课题制”。二是强调市场导向，以“产、学、研、用”为路径，建立与市场发展相适应的研发架构与运行管理机制。如中铁大桥院以市场需求为导向进行科研选题，构建了“技术领域－研究方向－研究任务”的三级科技研发体系；中国建材下属北京玻钢院以集成制打通科技创新的内部“产业链”，建成了集研究、孵化、行业服务为一体的技术创新中心；中国通号下属卡斯柯信号公司建立以产品线的市场推广为标志的全生命周期管理体系，通过职能与业务部门的高效协同与并行开发，提高科研效率。

强调建立科研投入持续稳定增长的长效机制。长期以来，国有企业创新存在研发投入不足、创新氛围不强等问题，2021年，中国上榜的《欧盟工业研发投资记分牌》2500强企业中，国有企业研发投入强度仅为2.1%，较民营企业6.4%的水平仍有较大差距。随着国企改革的推进，国有企业对创新的重视程度日益提升，深入实施研发准备金制度保障研发投入稳定，并拓展出国家纵向经费、外部横向合作经费、财政补贴等多渠道科研经费来源。如中铝长沙院、湖南省冶金材料院建立研发准备金制度，以保障科研活动的长期发展。中核武汉核电公司“设立应用基础技术研究基金”，加大应用基础性研究和前沿性技术研究。中广核下属北京广利核公司以自筹经费模式提高科研经费使用效率，企业科研经费主要来源于自研产品收入，通过加速技术向产品的转化，保障研发创新的持续滚动发展。

4.3.2 加强科研项目管理

优化科研项目管理成为国有企业深化科技体制改革的重点任务，以科改

示范企业为代表，国有企业以提升科研效率为目标，以结果为导向，通过搭建项目闭环管理体系、分级分类管理体系与跨部门协同机制，持续完善科研项目管理体系，并以激发创新活力为目标，探索新型科研项目管理模式。

创新项目闭环管理体系日益成熟。围绕立项一执行一验收一转化的项目生命周期，以及研发一量产一市场的创新价值链条，实现创新全过程管理。如联通在线围绕项目立项、实施、验收全过程梳理项目管理流程，并借助信息化系统支持，实现研发项目管理的规范化、体系化。中煤天津设计工程公司采用里程碑管理方式，以创新链视角，按照技术成熟、产品落地、投入市场三大节点，结合项目难易程度划定 3～5 个里程碑，进行阶段性的考核激励。

科研项目分级分类管理加速推进。一是根据项目成熟度等级进行分类管理，明确不同类型项目把控重点。以 NASA 的技术成熟度等级（TRL）为标准，基础研究型项目关注前期的可行性论证及技术的不确定性分析；预研项目关注关键技术点管理，产品开发项目关注环境模拟与验证。二是基于战略等级、项目规模等划分依据，对科研项目进行分级管理，如中国中化下属沈阳化工研究院根据产业规模进行分级管理，按 2 亿元、1 亿元、0.5 亿元的标准，将科研项目划分为重大、重点和一般项目，对重大、重点项目实施周例会调度机制，精准把控、及时纠偏。单项技术成熟度等级度量见表 4-2。

表 4-2　单项技术成熟度等级度量[1]

技术成熟度等级（TRL）	度量指标描述	阶段
1	设计和制备的基本概念形成	实验室阶段
2	将概念、原理实施于制备和工艺控制中，并初步得到验证	
3	实验室试制成功，获得样品，主要性能通过实验室测试验证	
4	试制工艺流程流程贯通，获得试制品，性能通过实验室测试验证	工程化阶段
5	试制品通过模拟环境验证	
6	试制品通过使用环境认证	

[1] 资料来源：参考《新材料技术成熟度等级划分及定义》（GB/T 37264—2018）。

续表

技术成熟度等级（TRL）	度量指标描述	阶段
7	产品通过用户测试和认定，生产线完整，形成技术规范	
8	产品能够稳定生产，满足技术一致性要求	产业化阶段
9	产品生产要素得到优化，成为货架产品	

多部门协同的创新管理重要性凸显。优化部门间的分工与协作方式，通过多部门联合攻关、研发与管理职能分离等，成为国有企业提升科研创新效率的重要手段。如中国兵工集团下属云南北方奥雷德公司构建了多部门联合开发的协同创新体系，研究开发部协同技术质量部、生产制造部开展工艺技术创新项目，针对关键技术、关键工艺、新产品开发等存在的问题进行立项和攻关。哈尔滨电气集团下属哈电工程研究中心将商务工作归口管理部门，由管理部门统一负责签订科研合作合同，以保障研发人员专注于科研生产工作，提高创新效率。

新型项目运营管理模式不断出现。近年来，在国家创新政策指导下，科研人员自主权、决策权不断提升，促成了项目负责人承包制、项目经理＋项目首席专家负责制、揭榜挂帅等新型项目运营管理模式的出现。如中国一重下属天津重型装备工程研究公司、中电海康等推行课题负责人竞聘制、项目负责人承包制，赋予科研人员技术路线决策权与科研项目经费管理自主权，通过授放权简化管理程序，最大限度释放创新。东方电气下属东方武核、南网数研院、国机精工等“科改”试点企业探索揭榜挂帅制度，强调营造英雄不问出处的结果导向氛围，调动各界创新力量、推进重大项目攻关。此外，广东省以国资委牵头，探索企业科技特派员机制，并委托第三方搭建智能匹配平台，形成独具特色的“广东模式”，在推动供需双方有效对接中发挥重要作用。

4.3.3 强化科技成果转化

科技成果转化是发挥科研成果市场价值的关键环节。国有企业受限于国

资监管、体制机制障碍，对市场反应相对较慢，产业转化能力相对较弱。此外，长期以来重视科研成果数量的激励导向在一定程度上弱化了对成果转化的关注，转化动能不足。在改革创新过程中，国有企业日益关注畅通创新链全链条环节，通过服务赋能与科技成果收益分享机制创新，不断提升科技成果转化效率。

研发组织与资源配置逐步向市场端倾斜。在科技成果转化导向下，“研发＋市场推广”的模式成为主流，国有企业基于“专业技术平台＋生产基地＋市场网络＋投融资”的全产业链孵化思路，一方面通过加强内部协同打通创新链全环节，另一方面围绕创新全过程，优化企业创新资源配置，推动创新资源向市场端聚集，以提升科技成果转化效率。内部协同方面，围绕创新价值链打造多部门、跨领域协同的研发模式，如中国化学下属中国天辰公司采用“技术＋工程”和“技术＋实业”的模式，一方面围绕创新价值链打造工程设计、小试、中试等工程转化能力，实现基础＋实验一体化发展；另一方面，强化内部协同，联合实业板块开展自主研发成果的工程转化，实现“技术＋实业”一体化发展。资源配置方面，企业围绕科研、研发、量产、市场的创新链环节配置资金、人才资源，重点关注市场拓展领域的资源投入，如中国兵工集团下属云南北方奥雷德公司围绕“科技开发、工艺技能、市场营销”构建覆盖创新全流程的人才团队。

科技成果转化收益分享机制改革提速。一是设置成果转化项目奖励。中核七院以重点科研项目为试点，在研发、专利申请与成果转化应用阶段进行“项目奖励、激励”；贵州航天电器对新研发产品销售收入按 1%～3%的比例提取奖励金，用于激励技术、市场开发人员。二是探索科技成果转化的“双创”模式。在企业内部建立健全双创配套制度体系与支撑服务体系，允许核心团队以技术成果作价出资，实现骨干员工与企业风险共担、利益共享，加速推动技术的产业化应用。中电海康以合同方式与双创团队约定分享成果权属，如对车路协同核心技术团队实施科技成果转化股权激励，以技术作价入股＋现金出资的模式，合资设立车路协同公司，强化成果转化激励。

中国五矿下属长沙冶矿院根据项目成熟度采取“模拟模式”与“注册模式”，对前期研发类项目采用“模拟模式”给予3年的转化期；对市场相对成熟的项目，采取“注册模式”，通过成立新的法人主体、核心员工持股形式，激发核心技术人员与市场推广人员创业积极性。长沙矿冶研究院双创项目运行机制见图4-26。

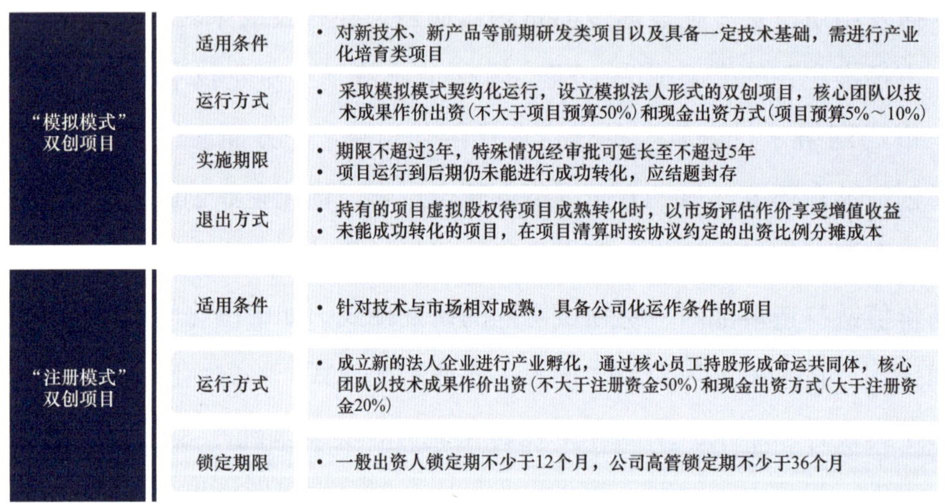

图4-26 长沙矿冶研究院双创项目运行机制

成果转化的资源保障持续加强。国有企业日益重视成果转化的赋能能力建设，通过服务平台建设，加强资源整合与供需对接，为科技成果转化项目、双创团队提供资金资源、服务资源、市场资源支持。如中电海康成立科技成果转移转化平台（乌镇街），在市场资源方面，打造电子信息领域技术成果展示、交流、交易、孵化平台；在资金方面，设立海康基金，为成果转化提供资金支持；在创新服务方面，下设创新咨询公司，为成果转化提供商业模式设计、成长性管理等赋能服务。

4.3.4 加快创新人才培养

创新人才引进与培养，强化人才“引、育、用、留”全链条，成为国有企业构筑发展潜力与竞争力的关键。国有企业针对高端人才紧缺瓶颈与人才成长通道狭窄、不全、不畅等问题，一方面，加快人才引进机制突破，探索

灵活、多元的人才引进方式；另一方面，打通人才成长与上升通道，拓宽人才发展路径。

重视探索灵活、多元的人才引进机制。针对国内人才引进面临的高层次人才紧缺瓶颈，以及单个人才引进面临的环境融合、人员配套等问题，国有企业逐步探索柔性引才、团队成建制引才机制。团队成建制引才方面，支持人才、团队、平台、项目一体化引进，如山东能源研究院、中煤天津设计公司支持领军人才组建研究组，并对达到国家或中科院人才计划水平的科技领军人才，给予一定启动经费支持。柔性引才方面，以“临聘”“双聘”等方式引入外部技术专家，通过组建联合研发平台、联合研发团队共同开展科研攻关，并探索个人兼职、咨询、技术入股等引才方式。如中广核节能与中科院广州能源研究所合作成立联合研发中心，引入行业人才与学科带头人，加强产学研合作。广东省实施“揭榜挂帅、精准特派”的企业科技特派员新模式，借助线上平台开展供需精准对接，并建立“研发支出对冲机制”，通过政府资助、给予省级科研项目立项确认申请等方式，调动企业、派出单位与科研人员的积极性，实现各主体的互利共赢。广东省科技特派员创新人才合作机制见图 4-27。

关注打通人才成长通道。长期以来行政晋升是国有企业技能人员上升的单一通道，技术人才上升通道窄、薪酬待遇低、流失率高，严重制约企业创新发展。为破解人才发展瓶颈，国有企业打造人才双向流动通道、H 型成长通道，设立技能人员“晋升特区”，并打破以往职级不提薪酬不变的做法，建立动态横向调档调薪模式。如中核七院打造技术与管理双通道，设置技术、管理、后勤保障 3 大岗位序列与 10 个岗位层级，并在同一层级的不同序列间搭建平行通道，丰富科技人才培养与晋升发展路径。中核武汉核电公司对完成揭榜项目的优秀人才予以优先推荐培养或实施“优才通道”直接晋升职级。中煤科工重庆研究院打造人才 H 型职业发展通道，实现专家条线与管理条线双向流动。中国兵器装备集团下属湖南云箭公司实行技术与行政并行，打通专业人才晋升通道，建立以业绩、成果与贡献为核心的多维度晋升评价体系。

中核第七研究设计院有限公司技术与管理双通道体系见图4-28。

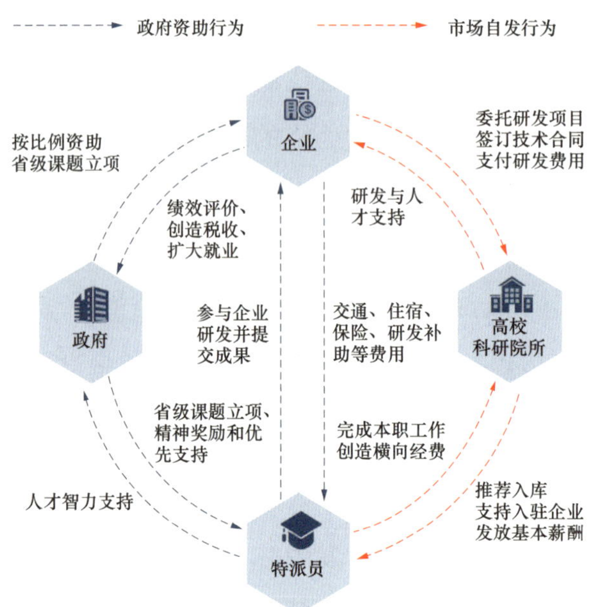

图4-27　广东省科技特派员创新人才合作机制❶

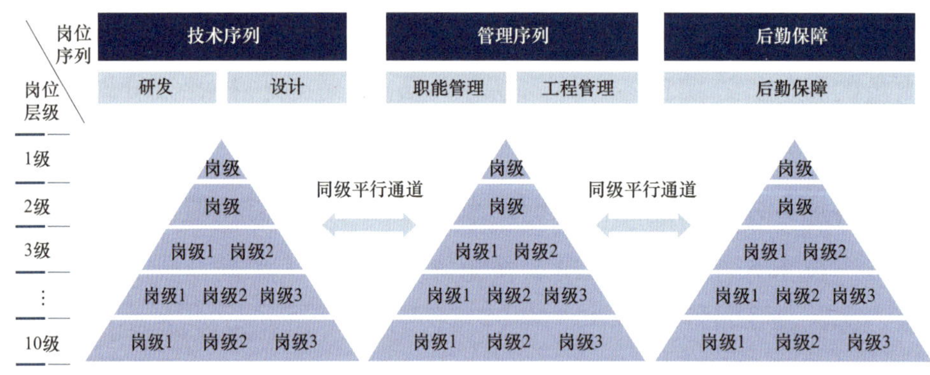

图4-28　中核第七研究设计院有限公司技术与管理双通道体系

4.3.5　完善创新激励约束

创新导向下，国有企业针对创新高风险、长周期、高收益等特征，一方面持续完善绩效考核评估体系，结合创新特点设计差异化考核指标体系，建立容错纠错创新绩效考核机制；另一方面，探索中长期激励机制，实现风险

❶ 廖晓东．从广东实践看“揭榜挂帅、赛马比才”模式［J］．科技中国．2021（9）．

共担、利益共享。

考核机制改革方面，在科技创新导向下，国有企业遵循科研活动周期性基本规律，设计分级、分类、分期的考核体系，构建科研产出和科技贡献为导向的绩效管理机制。一是根据部门、岗位特征和创新实际需要，建立差异化的考核指标与考核周期。如南网数研院分类设计部门绩效考核框架，其中技术研发中心侧重于科技创新、成本控制，重点考核创新驱动，职能部门突出业务管理和服务支撑的功能定位，增强专业管理能力。中铁大桥院结合创新周期特征，将科研与生产绩效分列，对科研人员实施每年一评估、三年一考核的考核机制。二是完善考核的兑现方式，建立绩效评价结合岗位特性，将绩效考核结果运用于人才选拔任用、激励奖惩、工作改进等方面。如南网数研院提升绩效考核对员工创新的激励作用，将绩效工资占比提升至 70%，并结合绩效结果对优秀人才开展调薪。三是建立创新的容错纠错机制，如山西太钢不锈钢精密带钢公司建立起创新成本剔除考核的容错文化，鼓励大胆探索、主动创新。中建科技颁布《中建科技集团有限公司容错纠错机制实施办法（试行）》，从制度层面建立起为改革者撑腰、为创新者鼓劲的鲜明导向。

创新长效激励机制方面，国有企业结合自身发展阶段与团队特征，灵活配搭中长期激励工具。中长期激励工具主要涵盖权益类激励与现金类激励两大类，不同工具在适用条件与功能作用上有所差异。在权益类激励中，股权激励主要解决核心员工流动率高的问题，通过长期利益捆绑留住核心人才，跟投激励更适用于创新业务，激发员工创新活力；在现金类激励中，分红激励适用于科技成果易衡量的科技型企业，实现薪酬向技术人才的倾斜，而超额利润分享是以利润为导向的激励工具，以 3 年为激励周期，具有较强的长期激励作用。国有企业在实际操作中，结合不同阶段的激励需求选择合适的激励工具，如海康威视在初创期为解决创业团队的激励问题，实施混改与员工持股；在成长期，为降低人才流失率，实施限制性股票计划，将激励范围拓展至中高层管理者和核心骨干员工；在成熟期，公司原有业务增长面临瓶颈，中电海康下属海康威视公司将发展重心转向创新业务，实施创新业务骨干员工跟投机制，打造创新业务的“事业合伙人”机制，激发创新创业活力。国有科技型企业中长期激励工具见图 4-29。海康威视不同发展阶段采取的中长期激励机制见图 4-30。

权益类激励				现金类激励			
股权激励（含员工持股）			跟投	虚拟股权	分红激励		超额利润分享
股权出售/员工持股	股权奖励	股权期权			项目收益分红	岗位分红	
4号文 133号文	4号文	4号文	征求意见稿	暂无	4号文	4号文	2021最新
激励对象是重要技术人员和经营管理人员股权出售应按不低于资产评估结果的价格，以协议方式将企业股权有偿出售给激励对象	作为一种配套工具必须于股权出售一同适用，只能奖励给重要技术人员；企业成立不满3年的，不得采取股权奖励的激励方式	小微型企业应在激励方案中明确激励对象的行权价格，若分期出资，以实际出资额对应的股权参与利润分配；大、中型企业不可采取股权期权的激励方式	鼓励从事新产业、新业态、新商业模式的企业，或在投资周期较长、业务发展前景不明朗、具有较高风险和不确定性的创新业务领域实施跟投机制	虚拟股权暂无明确政策参考（审批难度较大），实操案例中奖励基金生成方式较为多样，且其可包括分红权、增值权	针对某项能够转化为经济收益的科技成果	更倾向于激励科技成果产业化的过程中形成的价值，企业成立不满3年的，不得采取岗位分红	适用于商业一类企业；在岗位上连续工作1年以上，对企业经营业绩和持续发展有直接重要影响的管理、技术、营销、业务等核心骨干人才

图 4-29　国有科技型企业中长期激励工具

初创期

实施混改与员工持股

- 2001年原第52研究所引入外部投资者龚虹嘉进行混合所有制改革，国有股东持股比例降至51%
- 2007年上市前实施股份制改造，引入其他战略投资者，龚虹嘉将其所持有的16%股权转让给当时的创业团队；2007—2011年设立海康科技、海康希牧等子公司也一并实施员工持股

成长期

以限制性股票解决中高层管理者和核心骨干员工的激励问题

- 2010年海康威视在深交所上市，国有股东持股比例降至43.61%
- 2012—2018年连续实施四期限制性股票计划，激励重心由最初的创业团队拓宽到中高层管理者和核心骨干员工，极大降低人才流失率

成熟期

以创新业务骨干员工跟投解决科技创新人才的持续激励问题

- 业态进入智慧安防时代，海康威视在传统安防中的龙头优势在智慧安防时代并不显著
- 为加大创新业务的支持和投入力度，2016年起先后在6项创新业务领域探索实施骨干员工跟投机制，一大批科技创新人才成为公司创新业务共担风险、共享收益的“事业合伙人”

图 4-30　海康威视不同发展阶段采取的中长期激励机制

4.3.6　构建创新合作生态

随着创新的前沿性、尖端性与复杂性特征日益突出，单个企业难以独立完成整个创新过程，开放式创新已经成为企业创新主流。国有企业作为创新驱动发展的关键力量，将致力于打造“双向开放式创新平台”，一方面，通过开放式合作提升自主创新能力，打造原创技术策源地；另一方面，发挥国有企业创新要素集聚的优势，赋能产业上下游企业创新协同。

国有企业加强开放式创新合作，增强自身研发实力。为了确保核心技术的掌控能力，同时充分利用外部创新资源，创新型国有企业自主创新为核心和牵引，同时加强与外部主体的创新合作，构建开放共享的创新机制。如一汽集团在自主创新平台建设基础上，充分利用社会创新资源开展项目孵化，深化政企合作降低研发成本，并加强与企业和高校合作，借助多方资源优势和科研实力，开展融合交叉领域技术研发。此外，为提升对外创新合作的效能，国有企业加快创新合作机制的试点探索，如天康生物探索科研单位参股、全方位长期合作模式，深化产学研合作；中海油常州涂料公司通过共建联合实验室，加强跨领域产学研合作。国有企业开放式创新模式见图 4-31。

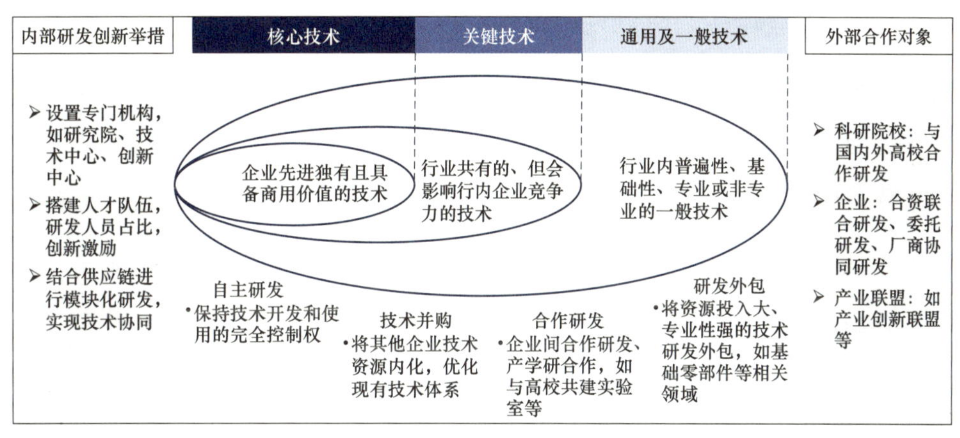

图 4-31 国有企业开放式创新模式

国有企业加快开放式创新平台建设，发挥创新引领带动效应。一方面，国有企业担负着创新引领的重要使命，需发挥国企责任担当，带动行业企业向产业链价值链的高端汇聚。另一方面，国有企业在整合集聚创新资源、提供新技术迭代与应用环境等方面具有基础优势，有利于推动多领域的生态合作。在此背景下，国有企业通过牵头组建创新联合体，搭建开放式创新赋能平台，加速行业企业创新。如中国化学建立以科学技术研究院为龙头，企业研发机构为骨干，各细分领域差异化发展的开放式科技创新平台，为产学研用合作奠定基础。如三一重型装备公司联合高校及关联企业牵头组建辽宁三一重装煤矿成套装备产学研联盟，推进装备制造领域技术攻关；中国化学下属中国天辰公司构建开放式科技创新平台，通过汇集科研机构、高校、企业等各方资源，打造科技创新与转化的载体。

4.4 国有企业提高创新能力与效能的建议

在我国经济发展过程中，国有企业已经成为创新驱动发展的关键力量，充分发挥国有企业在创新中的引领作用，对服务国家重大战略、构建新发展格局有重大现实意义。当前，国有企业创新活动普遍存在以下几大突出问题：一是创新投入结构有待优化。我国企业基础研究创新投入所占比重不到0.5%，企业对基础性、原创性、颠覆性关键技术的研发支持力度存在明显不足。二是选人用人机制有待完善。国有企业难以提供匹配高端人才价值的薪酬待遇与事业发展通道，导致高端人才留用困难。三是创新要素集聚能力有待提升。国有企业整合、集聚产业链上各类创新要素形成创新合力的引领能力有待进一步提升，国家战略支撑作用有待进一步加强。四是数字赋能能力有待加强。多数国有企业尚未能统筹推进内部数字化转型与外部数字生态构建，数字化建设对企业创新效率的提升作用仍然有限。为此，国有企业一是应立足于实现高水平科技自立自强，打造原创技术策源地，以提升有效创新投入为导向不断完善创新研发投入长效机制，拓宽研发投入资金来源渠道，重点关注提升创新资金使用效率，夯实企业创新的资金基础；二是应坚持人才强企战略，建立健全选人用人机制和考核评价机制，打破各类人才发展瓶颈，为人才的留用及持续发展创造有利条件，激发企业创新活力；三是应勇于担当现代产业链链长的职责，以服务国家重大战略需求为导向，促进产业链创新链深度融合，通过构建开放式创新体系，加速全球创新要素集聚，推动优势资源整合，带动区域创新生态形成；四是应重视数字化建设在科技创新中的突出作用，通过加强“研发—生产—流通—服务”全价值链环节的数字关键技术攻关和成果应用、提升数字化管理水平、打造数字化平台，推进企业数字化转型升级，支撑数字中国建设。

4.4.1　健全科研资金投入使用机制，强化创新资金保障

优化研发投入强度与结构。国有企业要加快发展为世界一流企业，关键在于培育形成技术牵引和产业变革的创新力，为此，需持续提升研发投入强度并不断优化研发投入结构。在提升研发投入强度方面，国有企业应加快落实研发准备金制度，将每年提取研发准备金作为国有企业固定的制度安排，并建立计提研发准备金独立于“保值增值”的审慎包容问责机制，保障研发投入强度始终稳定在较高水平；在优化研发投入结构方面，国有企业应重点关注有效研发投入占比，围绕国家重大战略方向，聚焦战略性新兴产业和未来产业，集中优势资源开展技术攻关，形成一批原创性引领性关键技术，推进产业基础高级化、产业链现代化，打造原创技术策源地。

拓宽研发投入资金来源渠道。为保障研发投入持续增长，国有企业应当善于运用外部资源赋能创新，重点通过三类方式拓宽外部资金渠道。一是广泛引入国内创新资本。2022 年政府工作报告首次强调要“促进创业投资发展”，创新科技金融产品和服务，国有企业可结合这一政策契机，引入创新风险投资基金，并积极申请银行低成本专项研发贷款和政府研发风险分担基金支持。二是积极设立创新联合基金。国有企业可协同自然基金委等创新平台组建创新联合基金，支撑企业基础研究与颠覆性技术研发。三是探索运用境外创新资源。2020 年起，上海等地开始试点推进高新技术和“专精特新”企业跨境融资便利化工作，国有企业可灵活运用相关政策工具，通过向境外公司借入低成本创新外债等方式丰富研发资金来源。

提高研发资金使用效率。国有企业在开展创新活动时，普遍存在“重投入轻产出”的现象，对创新效率重视不足，制约了创新动能的释放。对此，国有企业应以《国家重点研发计划资金管理办法》等国家创新项目管理政策为导向，通过完善“立项—研发—应用”的创新全流程资金管理提升研发效率。立项阶段，国有企业可实施科研项目分级管理，根据技术紧迫性和重要性对研发项目进行划分，并按分类等级产业规模进行差异化研发经费拨付以提高资金配置效率。研发阶段，国有企业可对已开展的研发项目实施进度管理和预算执行管理，并根据项目中期考评结果动态调整研发资金配置，实现研发资金的效益最大化。应用阶段，国有企业应重视加强科研与市场相结合，加大市场拓展上的资金投入，提高产业化管理能力，畅通“研发资金—科技成果—现实生产力”的转化链条。

4.4.2 突破科研体制机制障碍，释放企业创新活力

完善选人用人机制。国有企业长期以来存在人才队伍活力不足、主观能动性不够、人才流失严重、高端人才缺乏等一系列问题，究其原因，在于薪酬福利上难以反映人才价值，且未能提供人才成长、价值发挥需要的平台。未来，国有企业一方面要关注“待遇留人”，为高端人才提供具有市场竞争力的薪酬，并通过股权奖励、超额利润分享等方式加强中长期激励力度，提升核心人才队伍的稳定性。另一方面，更强调以事业留人，强化非薪酬激励手段，满足人才对成长机会和未来发展的需求。应以“实现价值、发挥作用”为导向，在平台支撑上，打造以科研领军人才为主导的高水平科研平台，充分支撑高端人才科研事业发展；在机制设计上，通过成建制引才，赋予高端人才更大的人、财、物的配置权和技术路线决策权，提升高端科技人才的创新成就感和荣誉感。

探索新型科研组织管理模式。国有企业应优化完善科研立项、管理机制，推进实施“揭榜挂帅”等新型科研项目管理模式，着力提升科研效率。项目选榜上，可聚焦行业“卡脖子”关键技术问题，牵头组建行业“揭榜挂帅”信息平台，并探索建立榜单论证专家责任制，以责任倒查的方式推动论证专家对选榜结论长期负责；项目揭榜上，可进一步扩大选材范围，探索将海外高水平高校院所、企业、创新人才和科研团队纳入揭榜对象；项目管理上，应以“激发竞争活力，提高科研效率”为导向，对多家单位各自独立揭榜的项目引入“里程碑”式节点管理和“赛马”机制，根据节点考核情况分阶段拨付经费，节点评估入围团队获得一部分支持奖金，最终考核获胜者赢

得项目全部剩余资金。

健全创新考核评价机制。国有企业应建立更加正向、科学、公平、公正的创新评价体系，重点破解长期以来科技成果供给质量低、人才评价体系僵化单一、科技创新动力不足等瓶颈问题。一是破除唯“四唯”的科研成果评价导向，全面准确评价科技成果的科学、技术、经济、社会及文化价值，引导科研行为关注成果质量与应用转化；二是突出责任主体、应用主体及绩效约束目标，以市场化方式选择第三方机构评价成果品质，确保考核评价的真实可信；三是按照基础研究、应用研究、技术开发和产业化等要素界定不同成果类型，形成符合科学规律的多元化长效分类评价机制，更加注重长期绩效评价；四是强化考核结果运用，探索“成果知本券”新型模式，通过对科技成果贡献度进行量化确权，将科研人员的智力成果量化为知识资本，作为高价值科技成果评价和团队收益分红的内部分配依据，实现精准激励；五是完善科技创新与成果转化尽职免责机制，提升科研人员创新积极性，促进科研成果高效转化。

4.4.3　发挥创新平台效能，构建开放创新生态

加强科技联合攻关。科技创新具有交叉融合性强、技术复杂度高的特点，国有企业需立足自身创新驱动发展战略与服务国家区域创新生态建设的定位，以开放式创新合作推动创新主体协同。国有龙头企业要发挥好现代产业链链长作用，依托其产业链辐射范围广、创新带动能力强的独特优势，围绕产业链部署创新链，联合行业上下游、产学研的力量，组建产业创新联盟、关键共性技术平台以及联合实验室，引导行业大中小企业围绕若干关键技术环节开展协同创新，营造分工协作、优势互补、高效运转的产业生态，提升产业链整体创新实力。

打造全球化开放式创新平台。国有企业需围绕行业和企业创新短板，聚焦具有决定性、前瞻性的重大关键技术领域，广泛吸收全球各类优势创新资源，通过与国内外知名科研院所、高校、企业共建全球开放式创新平台、实

验室和人才培养基地，打造涵盖研发、中试与产业化的国际化开放技术创新体系，实现在运行机制、组织结构、技术发展、人才培养等方面的优势叠加，打通“产学研用”的各个环节，缩短研发及成果转化周期，提升企业研发效率与行业影响力。

深化创新的资本赋能能力。在创新前沿性、尖端性、复杂性日益提升背景下，国有企业需充分借助资本力量推动创新链和产业链整合提升，引导创新资源配置、分担研发风险，提升科技创新效率和成果转化水平。国有企业依托自身强大的资本实力，以及在资源链接和整合的优势，可通过投资孵化、并购、设立创新引导基金等方式，强化国有资本在促进创新的基础性、引领性和战略性作用。

4.4.4 推进数字化建设，提升科技创新效率

深化数字技术融合。将数字技术融入“研发—生产—流通—服务”的价值链全过程，增强国有企业创新创造能力，提高全要素生产率。一是借助“数字化赋能”提升产业技术创新能力，引入人工智能、大数据、云计算等新兴技术，提高技术创新的效率和效果，降低创新风险；二是引入数字技术提升生产制造能力，实现制造的柔性化、精细化、个性化和智能化，提升国有企业产品竞争力；三是通过构建基于数据驱动的服务体验管理架构，以及“线上+线下”综合一体化的数字化体验模式，打造智能化、敏捷化的服务体系，更好地满足客户需求；四是借助数字化技术加速企业转型发展，实现传统业务领域的转型升级与新业务的拓展。

加快资源共享平台建设。发挥国有企业的龙头牵引作用，形成协调推进的转型合力，充分整合创新要素打造数字化创新赋能平台。一是共享创新资源，推动行业中小企业利用平台的知识资源、信息资源、计算资源和产业资源开展自主创新活动；二是汇聚多元创新主体，根据行业特点，搭建企业数字化转型专项协同平台，实现创新要素供需的精准匹配，打造包含“产学研用金智媒”多方创新生态资源的行业产业创新生态；三是立足企业实际业务

需求，着力夯实数据基础，创新数据融合分析与开发机制，构建跨行业、跨部门的数据要素流通平台，赋能新型技术及商业模式开发，提升企业数字化转型的价值效应。

加强数字化管理平台赋能。借助数字化平台优化创新项目的全生命周期管理，将需求管理、任务管理、开发管理和测试管理等创新全过程进行融合集成，实现从需求到产品实现全过程的可视化、透明化、可追溯化，缩短优化项目决策开发时间，降低管理风险和成本，提高研发质量和效率。

第 5 章

专题研究：能源电力企业创新发展趋势

能源电力行业是中国国有企业创新活动的重要集中地，在新一轮能源革命驱动下，新兴能源技术正以前所未有的速度加快迭代，推动能源电力产业从资源、资本主导向技术主导转变。本章将结合欧洲专利局数据、国际可再生能源署、美国国家可再生能源实验室等权威机构发布的能源技术报告与国内外专业期刊论文，对中国能源电力行业的发展现状与创新导向进行综合研判，提炼能源电力产业链各环节的技术研发重点，追踪各大关键技术环节的企业前沿创新进展，为国内能源电力企业创新发展提供参考。

5.1　能源电力企业创新分析框架

当前，世界能源转型已由蓄力期转向全面加速期，中国能源电力行业在新形势下呈现出新的发展趋势。**一是发电结构正逐步向清洁低碳转型**。中国可再生能源发电、可再生能源新增装机容量占本国总发电量、总新增电力装机容量的比重已分别由 2011 年的 17.7%、36.1%大幅提升至 2020 年的 29.2%、70.7%[1]。**二是输配电系统建设正逐步向直流、特高压方向发展**。直流方向上，2020 年中国直流输电线路总长占中国输电线路总长的比重为 2.1%，相较 2016 年提升了 0.5%；特高压方向上，直流输电中特高压直流输电的线路长度占比由 2016 年的 42.7%大幅提升至 2020 年的 61.0%，交流输电中交流特高压交流输电的线路长度占比由 2016 年的 0.4%提升至 2020 年的 0.6%[2]。**三是电力市场中可再生能源电力的参与度逐步提升**。中国可再生能源电力的实际消纳量及其占全社会用电量的比重分别由 2016 年的 15 058 亿度、26.5%提升至 2020 年的 21 613 亿度、28.8%[3]。2011—2020 年中国发电结构见图 5 - 1。

---

[1] 数据来源：美国能源信息署，可再生能源统计口径为太阳能、风能、水能、生物质能、地热能、潮汐能。

[2] 数据来源：中国电力企业联合会《中国电力统计年鉴 2021》。

[3] 数据来源：中国国家能源局。

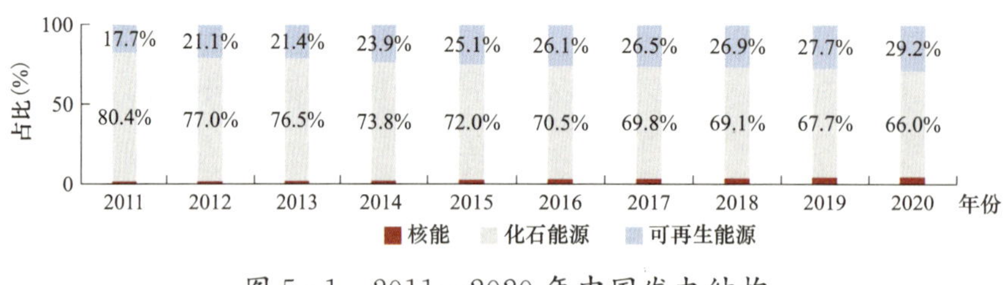

图 5-1　2011—2020 年中国发电结构

能源科技创新是推动能源电力格局转变的第一动力，为适应能源电力深入转型升级的需要，能源科技创新趋势正在发生深刻调整。本章将以能源电力产业链为切入点，结合我国能源电力行业发展现状与“十四五”能源科技创新规划，聚焦发电、输配电、售电及用电环节的重点创新方向，建立能源电力企业科技创新分析框架。**发电环节**的分析将重点围绕先进可再生能源发电技术展开，以“关键技术＋前沿方向＋企业成果”的分析形式，对太阳能光伏发电、海上风能发电、氢能发电三项代表性技术进行介绍。**输配电环节**的分析将围绕新型电力系统及其支撑技术展开，重点关注大规模可再生能源并网技术与电网级储能技术两大关键领域，从关键技术、前沿趋势、企业成果等视角出发，一方面，介绍可再生能源并网技术中光伏并网与风电并网两大技术路径的创新动态，另一方面，介绍化学储能、电化学储能等重要储能技术的前沿研究进展。**售电及用电环节**的分析将围绕综合能源服务展开，以“商业模式六要素分析法＋企业创新实践”的分析形式对节能工程投资建设服务、电力零售服务、新能源设备销售服务、电力需求侧响应服务等综合能源服务主要业务板块中的创新商业模式进行介绍。此外，本章还将分析能源电力行业的**数字化转型**趋势，基于数据融合视角，按照数据采集、数据分析、数据应用的功能类别对数字化技术进行划分，以“技术前沿创新方向＋企业创新实践”的分析方式，以具有代表性的可再生发电预测技术、电力数字孪生技术和电力区块链技术应用为例，分别介绍电力行业数字化转型的创新进展。能源电力企业创新分析框架见图 5-2。

在能源革命和数字革命的双重推动下，全球新一轮能源科技创新进入持续高度活跃期，成为全球能源行业向绿色低碳转型的核心驱动力。中国顺应

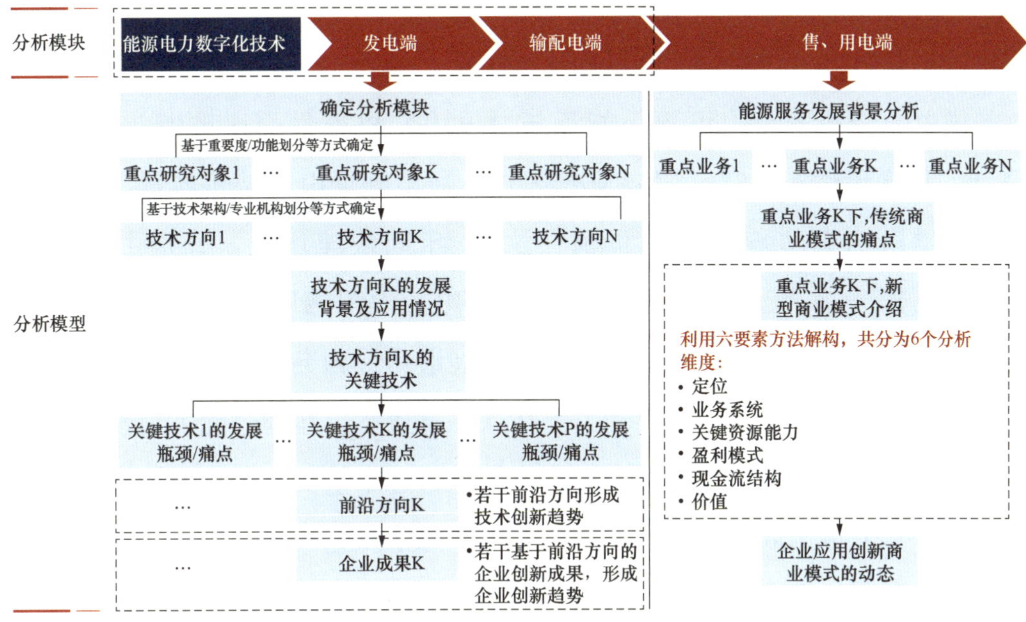

图 5-2　能源电力企业创新分析框架

全球能源电力发展的总体态势，结合自身在优势技术领域原创性、引领性、颠覆性技术偏少，而在短板技术领域自主创新能力不强等一系列现实问题，出台了“十四五”现代能源体系规划、“十四五”能源领域科技创新规划等政策支持能源电力创新发展，强调能源电力技术创新将围绕“补短锻长”总体目标展开，重点推进能源关键核心技术攻关与能源数字化技术开发。本章将聚焦能源电力产业链各环节的创新发展导向，分析提炼各环节关键领域的创新趋势与代表性企业创新成果，为国内能源电力企业科技创新发展提供参考。

5.2　可再生能源发电企业科技创新发展动态

可再生能源是指在自然界中可以不断再生、永续利用的资源，主要包括太阳能、风能、水能、生物质能、地热能、潮汐能等能源类型[❶]。美国能源

❶ “可再生能源”是对一次能源的分类，一般不包括氢能，但由于氢能与可再生能源的综合利用密切相关，因此本节也将氢能纳入研究范围。

信息署的数据显示，2011—2020年中国地热能、潮汐能、生物质能的合计新增电力装机容量占可再生能源新增电力装机容量的比重始终不足6%，水电新增电力装机容量占可再生能源新增电力装机容量的比重由2011年的44.4%大幅下滑至9.2%，而太阳能发电、风电新增电力装机容量占可再生能源新增电力装机容量的比重则在这10年间快速增长，分别由6.5%、49.1%上升至36.2%、53.1%，反映出风电、太阳能发电是当前中国可再生能源发电领域最为关注的发展方向，发展潜力最为突出，未来将成为推动发电端向零碳目标转型的主要动力。在这一背景下，作为适配大规模风电与太阳能发电趋势的氢能，凭借自身诸多优点将迎来重要发展机遇期。基于上述分析，本节将选取太阳能光伏发电技术、海上风电技术、氢能发电技术三项代表性发电技术进行分析。2011—2020年中国新增可再生能源新增电力装机容量结构见图5-3。

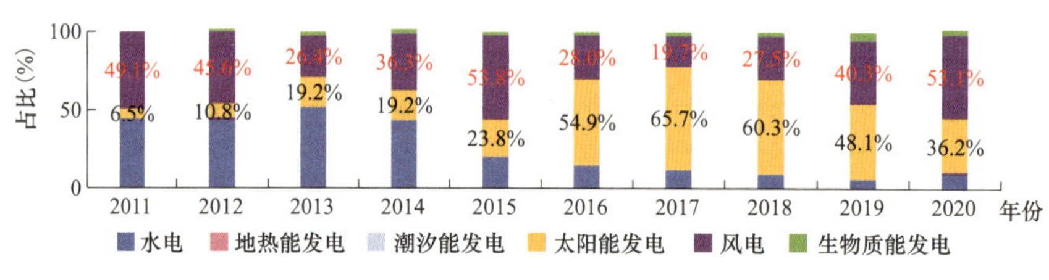

图5-3　2011—2020年中国新增可再生能源电力装机容量结构

5.2.1　太阳能光伏发电技术

太阳能光伏发电技术中，晶硅光伏技术在全球光伏技术市场的占比长期维持在90%以上[1]，是最受关注的发展方向。当前，晶硅光伏技术需要进一步降低发电成本以增强市场竞争力，通过技术创新提升晶硅太阳能电池光电转化效率是降低晶硅光伏发电成本的最重要途径，不断驱动晶硅光伏企业进行技术更新迭代。

值得一提的是，本节专利数据主要来源于欧洲专利局的Espacenet数据

[1] 资料来源：美国国家可再生能源实验室。

库与世界专利数据库（以下简称“PCT 数据库”），二者均具有较高权威性。但限于技术原因，本节统计的细分技术领域口径仅包括专利标题中含有关键字符的发明专利，各能源类型专利数为下属细分专利数据的加总，如 PERC 技术专利数据仅统计了以“PERC 技术”为关键词进行检索的数据结果，而太阳能光伏发电技术专利数为 PERC 技术、TOPCon 技术、HJT 技术与 HBC 技术等四大细分领域的合计值。上述专利统计结果的绝对值不代表专利真实值，但通过横向与纵向比较可在一定程度上反映技术迭代的趋势。太阳能电池技术在 2017—2021 年快速发展，全球新增发明专利数量已由 2017 年的 119 件提升至 2021 年的 263 件。高性能太阳能电池技术中，PERC 电池技术由于布局时间较早，创新基础更加深厚，2021 年的全球新增专利发明量高达 106 件，领先其他类型的电池技术。HJT、TOPCon 两类 N 型太阳能电池技术虽然起步较晚，但由于具有转换效率高、双面率高、温度系数低、无光衰等突出优势，近年来得到各大主流晶硅光伏企业的重点关注，2021 年全球新增专利发明量分别为 50 件与 26 件，发展势头强劲。2017—2021 年全球太阳能电池技术新增发明专利数量见图 5-4。2021 年全球各类太阳能电池技术的新增发明专利数量见图 5-5。

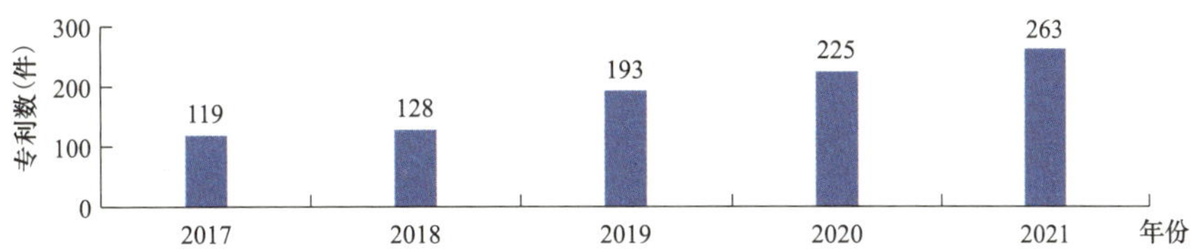

图 5-4　2017—2021 年全球太阳能电池技术新增发明专利数量

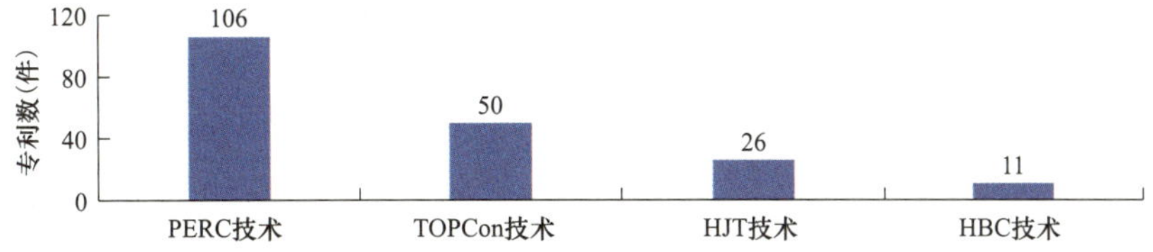

图 5-5　2021 年全球各类太阳能电池技术的新增发明专利数量

PERC 电池技术。PERC 电池目前的最高效率为 24.5%，一线厂商的量产效率可达到 23%以上。2022 年 7 月天合光能公司在单晶硅 PERC 电池上取得重大突破，依托其自主研发的多叠层减反射薄膜、精细金属化、超级多主栅技术等创新技术，实现了24.5%的210mm×210mm高效PERC电池最高电池效率，创造了新的世界纪录，有望为PERC电池行业开辟新的降本通道。

HJT电池技术。HJT电池目前的最高效率为26.5%，主流厂商的量产效率可达到24%。2022年6月隆基公司成功将HJT电池的转换效率提升至26.5%，将其自身在2021年10月创造的26.3%的世界纪录进一步提升了0.2%。按照中国光伏协会提出的转化效率每提升1%将降低光伏度电成本5%～7%进行估算，该项技术突破若实现量产有望将光伏发电成本进一步降低1.4%。部分研发机构的HJT电池最高光电转换效率[1]见表5-1。

表5-1　部分研发机构的HJT电池最高光电转换效率

企业名称	开路电压/mV	短路电流密度/mA/cm^2	填充因子/%	转换效率/%	年份/年
汉能	747	39.55	84.98	25.11	2019
中威	744.6	38.6	83.67	24.05	2020
均石	742.8	39.5	84.21	24.68	2020
迈为	746	39.12	84.33	24.61	2020
泰兴中智	744	39.07	83.4	24.3	2020
东方日升	747.6	38.3	84.4	24.2	2020
CEA-Ines/EGP	739.5	40.19	84.09	25	2020
Julich	743.1	40.09	82.42	24.55	2020
Kaneka	738	40.8	83.5	25.1	2015
Panasonic	750	39.5	83.2	24.7	2013
均石	747	39.31	85.82	25.2	2021
迈为	746	40.23	85.08	25.54	2021
隆基	750.4	40.2	85.57	25.82	2021
隆基	750.2	40.49	86.59	26.3	2021
隆基	750.0	41.01	86.08	26.5	2022

电池制备工艺的优化是推动HJT电池转换效率提升的核心要素。HJT

[1] 资料来源：中国可再生能源学会光伏专业委员会《2021年中国光伏技术发展报告》。

电池制备工艺包括制绒清洗、非晶硅薄膜沉积、透明导电薄膜沉积、丝网印刷四个步骤，其中，非晶硅薄膜沉积（也称非晶硅镀膜）最为关键，主要可分为 PECVD 镀膜和热丝镀膜（CAT - CVD）两大主流技术路径。**PECVD 镀膜技术方面**，2020 年迈为公司提出了多层复合膜技术，不但可通过分开镀膜优化各部分的功能，提高膜层的性能，还可提高硅片通量，增加产能。此外，2020 年迈为公司还开发出新型 I - IN - P 技术，可使晶体硅片表面在镀本征膜之前不经过 N 型腔室镀膜，从而显著减少了表面缺陷，能够提高 HJT 电池量产平均效率 0.15%。**CAT - CVD 镀膜技术方面**，2020 年日本 ULVAC 公司提出了一种基于 CAT - CVD 技术的无翻片技术，与该公司 2018 年推出的上一代 CAT - CVD 技术相比，一方面，量产转换效率进一步提升，另一方面，产能由 2900 片/h 大幅提升至 8640 片/h，可使 HJT 电池的生产成本低于 PERC 电池的成本。

TOPCon 电池技术。TOPcon 电池目前的最高效率为 24.9%，主流厂商的量产平均效率处于 23.6%～23.8%。2020 年 12 月晶科能源基于 HOT 设计及高质量、低缺陷的 CZ 单晶硅衬底，设计出转换效率为 24.87%的大面积 TOPCon 单晶电池，刷新了世界纪录。此外，晶科能源还迅速将该创新技术进行了落地转化，实现了 24%以上的量产效率，有力支撑了企业市场竞争力的提升。部分研发机构的大面积 TOPCon 电池最高光电转换效率见表 5 - 2。

表 5 - 2　部分研发机构的大面积 TOPCon 电池最高光电转换效率

企业名称	开路电压/mV	短路电流密度/mA/cm^2	填充因子/%	转换效率/%	年份/年
天合	716.8	40.57	84.52	24.58	2019
SERIS	695	41.3	80.8	23.2	2020
中来	—	—	—	24.5（平均量产）	2020
晶科	714.9	41.54	83.78	24.87	2020

镀膜技术是影响 TOPCon 电池转化效率的关键，目前主要有 LPCVD、PECVD、PVD 三种技术路线。2020 年中来公司对传统技术模式进行了突破

性优化，在行业内首次提出了基于“PECVD隧穿氧化+PVD多晶硅”解决方案的POPAID技术。POPAID是我国在TOPCon电池领域的一项革命性原创技术，由于能够在不破真空情况下同时完成隧穿氧化和掺杂非晶硅沉积，因此可省去清洗绕镀层的湿法工艺，将常规的12道生产工序大幅缩短为9道生产工序，从而获得更高的转换效率与更低的制造成本。目前，该项技术创新已在实际生产中得到应用，可实现24.5%的量产效率，为国内最高，将大幅提升TOPCon技术的市场竞争力。

5.2.2 海上风电技术

2017—2021年海上风电的研发关注度逐年上升，全球新增发明专利数已由2017年的35件大幅提升至2021年的148件。目前，由于海上风电场大多部署于浅海水域，固定式技术相较漂浮式技术的建造成本更低，因而占据着市场主导地位。未来，随着全球海上风电布局逐步由浅水走向深水，漂浮式技术的技术与成本优势将愈发凸显。2021年漂浮式技术的全球发明专利数量已达到131件，领先固定式技术的专利数量，反映出当前海上风电行业正在加紧推动漂浮式技术发展。对于漂浮式技术而言，现阶段过高的整体设计、建造成本使其商业推广陷入瓶颈，截至2019年底全球范围内尚无处于大规模商业化运营阶段的漂浮式海上风电项目，成本痛点亟待解决。2017—2021年全球海上风电新增发明专利数量见图5-6。2021年全球各类海上风电技术的新增发明专利数见图5-7。

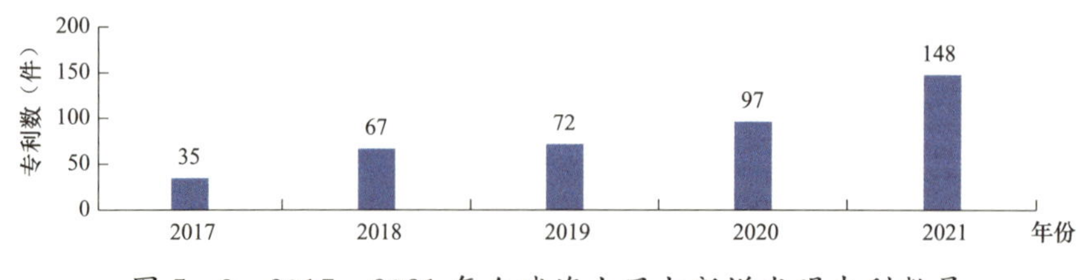

图5-6　2017—2021年全球海上风电新增发明专利数量

要降低漂浮式海上风电技术的使用成本，增强其市场竞争力，就必须围绕关键技术开展创新攻关。英国Carbon Trust基金会对欧美漂浮式机组方

图 5-7　2021 年全球各类海上风电技术的新增发明专利数

案研发者的调研结果显示，支撑平台技术、机组技术、仿真计算技术三者在所有关键技术中的发展紧急度最高，是推动未来漂浮式海上风电技术竞争力提升的核心力量。Carbon Trust 基金会列出的漂浮式海上风电关键技术发展优先级划分见表 5-3。

表 5-3　Carbon Trust 基金会列出的漂浮式海上风电关键技术发展优先级划分

关键技术	技术紧急度（0～3）	成本下降空间（0～3）
先进仿真计算技术	2.5	1.9
支撑平台技术	2.4	2.7
漂浮式机组安装技术	2.2	2.5
漂浮式机组控制技术	2.2	2.2
返港检修技术	2.2	2.3
系泊设计与安装技术	2.1	2.2
锚的设计与安装技术	2.1	2.1
先进水池试验技术	2.1	2
考虑尾流效应、年发电量最优的漂浮式风电场技术	2.1	1.9
环境影响评估	2.1	1.4
高压动态电缆技术	2.1	1.8
漂浮式机组专业规范研究	2	1.8
漂浮式升压站技术	2	2.3

支撑平台技术。目前，商业成熟度最高、应用最为广泛的技术形式是 Spar 平台，但该系统只能够在海上安装调试，成本与风险均较高。为此，海上风电领先企业近年来开始重视开发允许陆上安装调试、波致运动响应更小的张力腿（TLP）平台。2020 年荷兰 SBM Offshore 公司为全球首个 TLP

浮式风电项目 Provence Grand Large 开发出新型倾斜式 TLP 平台，该突破性创新成果具有两大亮点：一是倾斜式张力腿由中央浮筒和支撑结构上的三个侧浮筒组成，每个侧浮筒有两条系泊链，结构稳定，可以减少塔筒的运动，使叶轮平台始终与水平面垂直，从而显著提升风机工作性能；二是该新型 TLP 平台可根据风机的尺寸等比例放大或缩小，而无需重新设计。2021 年美国 GE 公司推出了 PelaStar 新型 TLP 平台，该平台专为 Haliade - X 12MW 风机设计，具有轻质的特点，相较同类型产品质量可降低 35%。

机组技术。当前，海上风电领先企业的创新重点主要集中在开发符合漂浮式海上风电技术特点的定制化机组与开发 15～20MW 超大型风机提升发电经济性两方面。2021 年明阳智能发布了全球最大的漂浮式海上风电机组——MySE 11 - 16MW 系列机型，该新型机型保留了明阳智能 MySE 序列一贯的半直驱超紧凑设计，在体积更小、重量更轻的基础上，具备更好的浮式风机稳定性和安装便捷性。此外，该新型机型在技术设计上还存在三方面重要突破，一是搭载了智能漂浮式风机运动控制模块，以降低基础横摇、纵摇、垂荡等多自由度运动响应；二是齿轮箱和轴承传动部件采用明阳智能传动系统喷射润滑解决方案，以解决漂浮式风机俯仰运动中润滑可靠性问题；三是搭载了高效的主动偏航场群尾流优化技术。MySE11 - 16MW 机型的成功研发再次证明我国已具备大容量漂浮式海上风机的自主研发能力，是我国迈向海上风电大国的标志性成果。

仿真计算技术。现阶段，针对海上风电领域缺乏高精度、高可靠性风场空气尾流计算模型，主要研发机构正在加紧开发先进尾流数值计算方法。2021 年法国 IFP Energies Nouvelles 将基于 Lattice - Boltzmann 方法的 waL-Berla 框架扩展到海上风电领域，开发出一款名为 waLBerla - Wind 的新型求解器。waLBerla - Wind 求解器主要可用于海上风电场的气动仿真，能够为海上风电场布局提供优化方案，其主要有两大亮点：一是引入了 Lattice - Boltzmann 方法并采用 CPU/GPU 混合计算模式，使得求解速度得到明显提升，与 Meso - NH 及 SOWFA 这两种传统的基于 Navier - Stokes 方法的

CPU 求解模型相比，求解速度可分别提升 40%与 70%；二是在高雷诺数下也能保证仿真数值的稳定可靠。

5.2.3　氢能发电技术

氢燃料燃气轮机发电由于不需要热机且不存在冷起动问题，因而相比氢燃料电池发电具有明显成本优势，2017—2021 年全球新增发明专利数量持续增长，2021 年达到 71 件，较 2017 年的新增数量提升了 22 件，是目前行业企业的重点关注方向。节能减排与提升发电效率是牵引氢燃料燃气轮机发电技术发展的两大目标，改进燃烧技术对实现上述目标至关重要。当前，氢燃料燃气轮机在燃烧技术上主要面临着燃氢能力不足、氮氧化合物排放仍然偏高等技术挑战，为此，各大主流氢燃气轮机厂商普遍将实现 100%燃氢发电的时间节点定在 2030 年，并正在以此为目标持续加大技术攻关力度。2017—2021 年全球氢燃料燃气轮机发电技术的新增发明专利数量见图 5 - 8。部分主流燃机厂商氢燃料燃机燃烧技术对比见表 5 - 4。

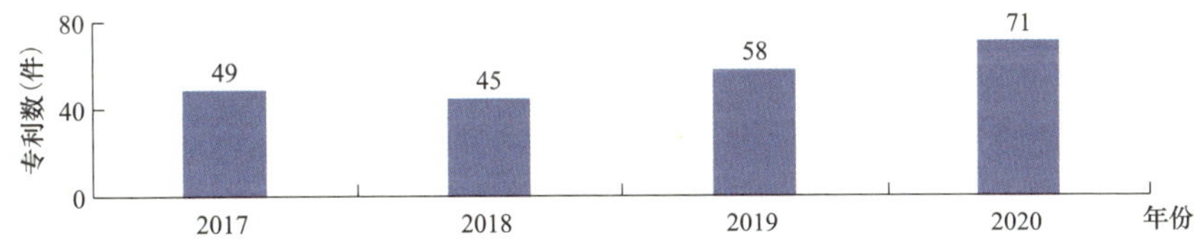

图 5 - 8　2017—2021 年全球氢燃料燃气轮机技术的新增发明专利数量

表 5 - 4　　部分主流燃机厂商氢燃料燃机燃烧技术对比

公司	主要燃烧技术	技术特点	最大燃氢能力/%
GE	多喷嘴低噪扩散燃烧系统	可同时燃用两种燃料，以传统天然气燃料作为启动和备用燃料	90
	DLN2. 6e	在 F 级的燃烧压力和温度下氮氧化合物排放可低至个位数	50
Siemens	第 N 代 DLE 燃烧系统	采用旋流稳定火焰与贫燃料预混组合	60
	WLE 燃烧器	用于 SGT - 35A、45A、65A 等	100

续表

公司	主要燃烧技术	技术特点	最大燃氢能力/%
MHPS	可燃用部分氢气的DLN 多喷嘴燃烧室	从喷嘴顶部注射一股空气，从而增加涡核部分的流速，降低回火风险	30
	燃氢的多集群燃烧室	采用大量的喷嘴替代了原 DLN 的 8 喷嘴结构，燃烧喷嘴口径更小，取消了旋流	100
	扩散燃烧室	氮氧化合物采用注蒸汽或水来降低	100
Ansaldo	顺序燃烧系统	含 2 个短燃烧室，预混燃烧器（premix pcombustor）和顺序燃烧器（sequential combustor）	100

GE 提出“轴向燃料分级（AFS）+DLN2.6e 燃烧室”提升燃氢与发电效率。2018 年 GE 开发出新型 DLN2.6e 燃烧器，其突出亮点在于通过引入增材制造的“微混合器”实现了微孔预混燃烧，可将燃氢能力提升至 50%，并且在 F 级的燃烧压力和温度下可基本实现氮氧化合物零排放；2020 年 GE 将 DLN2.6e 燃烧技术进行了“柔性升级”，提出了“轴向燃料分级（AFS）+DLN2.6e 燃烧室”的燃烧技术方案，并将该创新成果应用于其最新的 9HA.02 重型氢燃气轮机中，燃氢能力可达到 50%，且具备超过 64%的联合循环发电效率，在重型氢燃气轮机领域达到全球领先水平。

Siemens 开发面向重型 HL 级氢燃气轮机的先进高效燃烧室（ACS）技术。ACS 技术属于 DLE 燃烧技术范畴，被认为是当前 Siemens 最先进的燃烧技术，燃氢能力可达 30%，与上一代 PCS 技术相比，ACS 技术具有更高的燃烧温度和更好的操纵灵活性。目前，Siemens 已将 ACS 燃烧技术运用于其最新的 SGT5/6-9000HL 产品中，并正在进行商业试运行测试；2020 年 Siemens 对其第 3 代 DLE 燃烧技术进行了大幅优化升级，经测试验证，搭载该升级版燃烧技术的中型氢燃气轮机型 SGT-600 最高燃氢能力可达到 100%，与改进前相比，燃氢能力显著提升了 40%。部分主流燃机厂商氢燃料燃机燃烧技术对比见表 5-5。

表 5-5 部分主流燃机厂商氢燃料燃机燃烧技术对比

氢燃气轮机类型	产品型号	燃烧技术类别	最大燃氢能力/%
重型	SGT5-9000HL	DLE 技术	30
	SGT5-8000H		
	SGT5-2000E		
	SGT5-4000F		
	SGT6-9000HL		
	SGT6-8000H		
	SGT6-5000F		
	SGT6-2000E		
中、小型	SGT-800	DLE 技术	50
	SGT-750	DLE 技术	40
	SGT-700	DLE 技术	55
	SGT-600	DLE 技术	60
	SGT-400	DLE 技术/扩散燃烧技术	10/65
	SGT-300	DLE 技术	30
	SGT-100	DLE 技术/扩散燃烧技术	30/65

Ansaldo 开发出新型燃烧器 FlameSheet。2017 年 Ansaldo 成功开发出新型燃烧器 FlameSheet，与原有 DLE 燃烧器技术相比，该项技术所能燃烧的氢燃料可提升 10 倍，并且无需昂贵的稀释剂，大大提升了发电经济性；2020 年 Ansaldo 成功研发出新型 H 级 GT-36 氢燃气轮机，目前的最高燃氢能力可达 50%，且未来有潜力进一步提升至 100%。此外，由于 GT-36 机型内部搭载了 Ansaldo 自研的新型顺序燃烧系统平台 SEV，因此具备燃料快速混合功能，可在短时间内实现充分燃烧，避免因燃烧时间过盈导致氮氧化合物排放增加。与采用预混燃烧技术的氢燃气轮机相比，该新型产品的氮氧化物排放量能够减少 70%以上。

5.3 新型电力系统核心企业科技创新发展动态

新型电力系统相较传统电力系统存在两大突出特征：一是随着电力电子

设备渗透率不断增加，以同步发电机为主导的传统电网形态开始向大规模逆变器接入的混合电力系统进行转变，电力系统的惯性及强度逐渐降低；二是随着可再生能源的大规模接入，电力系统中电量、电力、调峰平衡出现缺口的可能性增加。针对上述两大突出特点，加快发展大规模可再生能源并网技术与电网级储能技术存在迫切需要，本节将重点分析这两大关键技术领域的创新趋势。

5.3.1 大规模可再生能源并网技术

风电与光伏作为当前最受关注、发展最为迅速的两类可再生能源发电方式，其并网技术同样是当前可再生能源并网技术领域的研究重点，本节将对两者的并网技术创新动态进行介绍。

光伏并网技术。光伏并网目前仍以交流并网方式为主，关键技术主要包括光伏并网逆变技术、光伏并网监控技术与反孤岛保护技术。其中，光伏并网逆变技术最为关键的核心，可具体分为集中式逆变器、组串式逆变器、集散式逆变器、微型逆变器四种技术路线。2021 年集中式逆变器与组串式逆变器的合计市场份额超过 90%，是当前各大主要厂商的重点关注方向，其创新研究正不断朝着大功率、高效率的方向发展。**集中式光伏逆变器方面**，2018 年全球逆变器生产巨头 SMA 公司开发出新型集中式光伏逆变器 Sunny Central UP，最高效率为 98.7%，具有三大突出亮点：一是适配 1500V 的直流电压，输出功率达到 4.6MW，可使大型光伏项目中的逆变器数量减少 17%，显著降低了光伏电站的运营成本；二是搭载了改进版的 OptiCool™ 智能冷却系统，可保在极端温度下也能保持平稳运行；三是采用了先进的构网型控制策略，能够不依赖电网频率/相位测量实现同步，显著提升了并网稳定性。2022 年阳光电源公司发布了新型 1.1MW 集中式光伏逆变器，有两大突出亮点：一是采用了“1＋X”模块化设计，最高可堆叠 8 个单元，可实现 8.8MW 的输出功率；二是与传统的集中式光伏逆变器相比，最大功率点跟踪（MPPT）数量多出 42%。**组串式光伏逆变器方面**，2021 年阳光电源公司开发出新型 SG320HX 光伏逆变器，最大效率为 99.01%，且最大输出功率达到 352kW，打破了 1500V 组串式逆变器功率的世界纪录，可为单座 100MW 的光伏电站降低发电成本 2%，并节省 1020 万元以上的系统成本。2021 年特变电工公司推出了适配 1500V 直流电压的新型 TS330KTL - HV 光伏逆变器，最大输出功率提升至 300kW 以上，具有两大突出特点：一是搭载了智能支架跟踪技术，可有效提高电站发电量 1%。并降低发电成本 2%；二是具有出色的弱网适应性，满足 SCR 1.2 弱网工况连续高低穿要求，可实现稳定并网。阳光电源公司新型 SG320HX 组串式光伏逆变器特点见表 5 - 6。

表 5 - 6　　阳光电源公司新型 SG320HX 组串式光伏逆变器特点

特点	内容
高效发电	• 最大效率 99.01%，中国效率 98.52% • 最大 16 路 MPPT，复杂地形提升发电量 • 单串最大直流 20A，完全匹配 182 与 210 系列组件 • 开放平台，与跟踪支架数据互通互融
智慧友好	• 组串检测及 I - V 扫描，精确定位异常组串 • 交直流双电源冗余设计，24h 状态监控 • 有功满载时功率因数可达 0.9，支持夜间 SVG 功能
节省投资	• 快速无功响应低于 30ms，替代 SVG • 支持铝线接入，节省交流线缆成本 • 支持 PLC 通信，节省通信线缆及施工成本 • 集成跟踪电源及通信接门，节省线缆及施工成本
安全可靠	• 整机 IP66 防护等级，防腐等级 C5 设计，适应各种恶劣环境 • 2 串 1 路 MPPT，选配直流脱扣开关，更安全 • IP68 智能风扇散热，低温升，长寿命

风电并网技术。风电并网主要有交流输电、常规直流输电（LCC - HVDC）与柔性直流输电（VSC - HVDC）三大技术路线。与另外两类技术相比，柔性直流输电具有无需无功补偿、可避免换相失败等突出优点，近年来已成为风电并网领域的重点关注方向。装备技术革新是推动柔性直流输电发展的核心要素，行业领先企业正在重点围绕大功率电力电子器件、高压直流断路器、直流电缆等关键装备技术开展攻关。**电力电子器件方面**，具备低

成本、低损耗、大容量、高可靠性等优点的集成门极换流晶闸管（IGCT）技术已成为当前重要的发展方向。2021年中车时代电气公司联合清华大学成功研制出4500V/5000A IGCT-Plus器件，该器件具有黑启动和过电流保护功能，可实现直流电网低成本、高效率、高可靠的能量变换，在机理模型、性能调控方法、门极驱动等方面达到国际领先水平，将有效提升柔性直流输电的技术经济性；**高压直流断流器方面**，兼具固态开关开断能力强与机械开关载流、绝缘能力强等特点的混合式直流断路器是当前的主要发展方向。2017年中国西电集团攻克了直流断路器建模仿真、电流快速可靠转移、电力电子开关大电流关断、高电位供能、控制保护、模块化紧凑集成设计等技术难题，成功研制出基于二极管全桥整流组件级联的低损耗500kV混合式直流断路器样机，并通过了绝缘和运行试验，在电压等级及电流开断能力等方面达到国际领先水平；**直流电缆方面**，具有传输容量大、经济性好、无漏油风险等优点的交联聚乙烯（XLPE）电缆是重点发展方向。2020年中天科技公司创造性地将高压海缆系统的大截面、大长度、高阻水等核心研发技术和工艺控制延伸应用于陆上电力电缆系统，通过对大长度绝缘挤出工艺、除气工艺、皱纹铝套结构设计等关键技术进行全方位攻关，在国际上首次研制成功500kV 3000mm大截面电缆，标志着我国的直流电缆技术在全球居于领先地位，对推进我国电缆工程高端化发展具有重要意义。

5.3.2 储能技术

储能是解决风、光等可再生能源系统波动性、间歇性问题的有效技术。近年来，随着各国纷纷提出碳中和目标，全球储能产业呈现出蓬勃发展局面，由商业化初期向规模化发展转变。与此同时，全球储能技术也迎来飞速发展，不少新型储能技术中已初步具备产业化条件。随着电池组成本继续下降、可再生能源渗透率不断提高，以及对储能等灵活性资源的需求增加，未来10年全球储能市场有望强劲增长。彭博新能源财经预计，2022—2030年，美国和中国仍将是全球最大的两个储能市场。2017—2020年，全球储

能技术 PCT 专利申请总量已从 18 004 件提升至 2020 年的 19 411 件[1]，反映出储能技术正在加速发展。当前，储能技术路线主要包含**化学储能**、**电化学储能**、**机械储能**、**电磁储能**、**热储能**五大类。本节围绕上述储能技术路线中的重点技术方向，介绍领先企业的创新进展。2017—2021 年全球储能技术 PCT 专利申请数量见图 5 - 9。

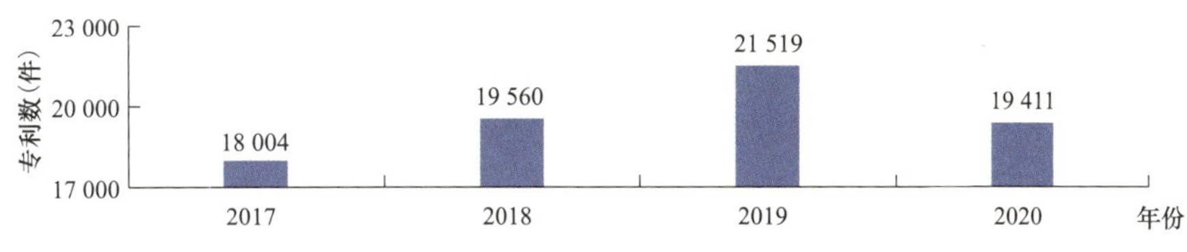

图 5 - 9　2017—2021 年全球储能技术 PCT 专利申请数量

化学储能技术。化学储能包含氢气储能、氨气储能、甲醇储能等技术路线。2021 年，氢气储能的全球新增发明专利数量为 922 件，大幅领先氨气储能与甲醇储能的新增发明专利数量，表明当前氢气储能技术发展最快、商业成熟度最高，是化学储能创新研究的聚集地。通过降低制氢成本提升氢储能经济性是当前行业企业的重要研究方向，2020 年中国石化石油化工科学研究院自主研发出具有活性高、床层压降小、抗积炭等优点的新型 RSR 系列制氢催化剂，并成功投入工程实践，可有效降低制氢装置系统的能耗与 CO_2 排放，并进一步节省制氢成本。2021 年全球各类化学储能技术的新增发明专利数量见图 5 - 10。

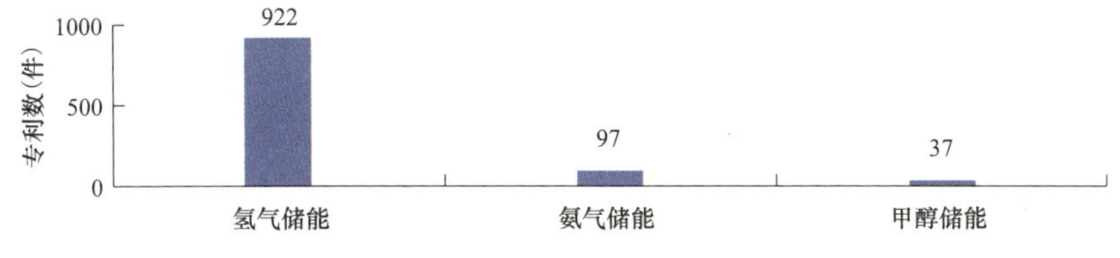

图 5 - 10　2021 年全球各类化学储能技术的新增发明专利数量

电化学储能技术。电化学储能包含锂电池储能、液流电池储能、钠离子电池储能、钠硫电池储能等技术路线。2021 年，锂离子电池、液流电池、

[1] 此处采用 PCT 数据库，统计口径包含标题、摘要和权利说明中含有关键字符的发明专利。

钠离子电池的全球新增发明专利数量分别为6954件、628件与289件，大幅领先钠硫电池的新增发明专利数量，是当前行业企业的关注重点。2021年全球各类电化学储能技术的新增发明专利数量见图5-11。

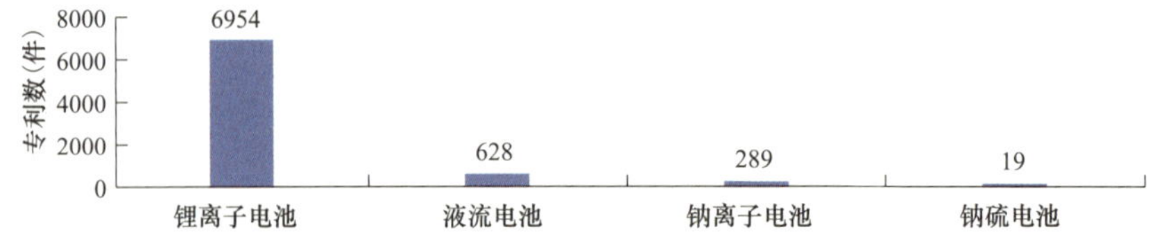

图5-11　2021年全球各类电化学储能技术的新增发明专利数量

锂离子电池储能。技术推广主要面临能量密度、输出功率、安全性等方面的挑战，为此，行业领先企业正在重点探索发展固态锂电池与锂空气电池。2021年韩国LG公司研发出新一代全固态锂电池技术，具有重大突破性，极大推进了全固态锂电池的商业化进程。该创新成果主要有两大亮点：一是通过采用5um的“微硅负极材料”，在行业内首次将固态锂电池的充电温度从60℃以上降低至25℃，实现了室温下也可以快速充电；二是能量密度比现有同类产品高40%以上，且在充放电500次以上后，容量保持率仍能维持在80%以上。2021年日本SoftBank集团开发了一种新型锂空气电池，在室温下工作时，该新型电池的能量密度可达到500Wh/kg，是传统锂离子电池的两倍。

液流电池储能。液流电池储能具有本征安全、充放电循环寿命长、电解液可循环使用、生命周期经济性好及环境友好等特点。液流电池系统的输出功率通常在数百瓦至数百兆瓦，储能容量在数百千瓦时至数百兆瓦时范围，适合需要大规模、大容量、长时间储能装备的应用场合。但制造成本高、能量效率低等痛点制约了液流电池技术的大规模推广，目前，全钒液流电池成熟度最高，商业化进程最快，国内外参与其研究开发的机构与企业较多。行业领先企业正在着力发展全钒液流电池以应对上述挑战。例如，2021年国家能源集团设计出“全钒液流电池流过式电堆技术”，具有“高功率密度、高能量效率、系统模块化、低成本”等独特优点，尤其适用于“高安全、高可靠性、大规模（MWh - GWh）、长时长（4～12h）、快速换电”的应用场景，在结构化双极板设计与电堆制造技术上达到国际领先水平。随着近年国内外对储能市场开发的重视以及钒价格的下降，一大批全钒液流电池示范项目在世界范围内建成。

钠离子电池。能量密度低、容量小、安全性不佳是长期痛点，行业领先企业正在面向上述问题加快开发新型技术，目前已取得一定的突破。2021 年宁德时代开发出第一代钠离子电池，电芯单体能量密度达到了 160Wh/kg，创造新的全球纪录，能在一定程度上弥补钠离子电池的不足。2021 年长虹公司研发出具有超级稳定、超长寿命、超高倍率的新一代钠离子电池，充满 70％的电池容量仅需 26s，达到世界一流水平，但目前该技术尚处于试验阶段。2021 年日本 Nippon Electric Glass 公司开发出全球首个全固态钠离子电池，可通过将电池负极材料从原先的金属钠换成磷酸钠盐系结晶玻璃，显著提升电池安全性能，但目前该技术仍处于早期试验阶段。

机械储能技术。机械储能主要包括抽水蓄能、压缩空气储能、飞轮储能、重力储能等技术路线。其中，2021 年抽水蓄能、压缩空气储能两类长时储能技术的全球新增发明专利数量分别为 205 件与 176 件，领先其他机械储能技术，是当前能源电力领先企业的研发重点。2021 年全球各类机械储能技术的新增发明专利数量见图 5 - 12。

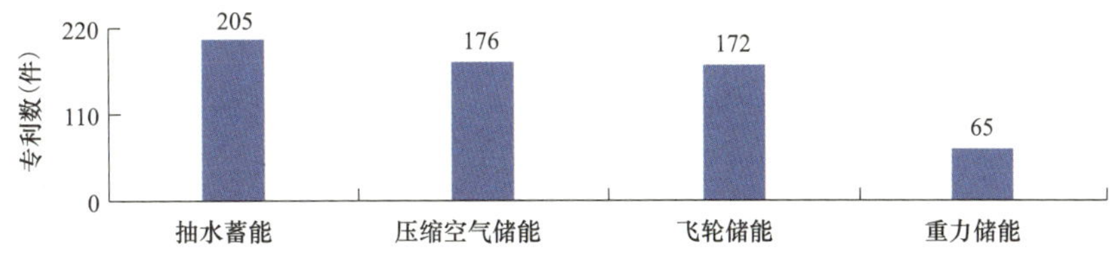

图 5 - 12　2021 年全球各类机械储能技术的新增发明专利数量

抽水蓄能。发展可变速机组装置取代传统的定速机组，以获取更大的运行灵活性和更快的响应是当前的主流研究方向。2021 年哈电集团为阳江水电站自主研发的国内单机容量最大的抽水蓄能机组成功投入运行，机组单机容量达到 400MW、水头高度达到 700m 级，运行摆度、振动值、温度与温差等各项指标均优于国家及行业规范的优良标准，成功填补了我国在超高水头、高转速、大容量抽水蓄能机组设计制造上的空白，技术达到国际领先水平，为国内后续大规模建设同类电站机组奠定了坚实的技术基础。2022 年哈电集团成功自主研发出国内首台全功率变速恒频抽水蓄能机组，建成后年发电量 1265 万 kWh，装机年利用小时 2530h，具备定速发电、变速发电、变速抽水的功能，并且可保持长期运行稳定，对于我国掌握全功率变速恒频可逆式抽水蓄能成套设备设计、制造和协同控制关键技术具有重要的示范意义。

压缩空气储能。压缩空气储能是目前唯一能与抽水蓄能相媲美的大规模长时物理储能技术，被喻为“新型电力系统稳定器”，具有规模大、适用性强、效率高、成本低、环保等优点。但传统压缩空气储能系统存在着依赖燃烧化石燃料、效率相对偏低、依赖特定的地理条件来建造大型储气室等问题，发展能量密度高、能量效率高、占地面积小、地理条件要求低的超临界压缩空气储能技术已成为当下的侧重方向。尽管国内压缩空气储能技术在 2005 年才开始发展，研究起步较晚，但进步十分迅速，在 2016 年就已建立了示范工程项目，技术已处于全球领先水平。2021 年中储国能公司在超临界压缩空气储能研究上取得突破，联合中科院工程热物理所攻克了 100MW 级先进压缩空气储能系统的宽工况组合式压缩机技术、高负荷轴流式膨胀机技术、高效蓄热换热器技术及系统集成与控制技术，研制出国际首套 100MW 系统压缩机、膨胀机和蓄热换热器，并已开始在示范项目中进行安装调试，将有力支撑我国建成国际上效率最高、技术最先进的百 MW 级压缩空气储能电站。全球商业化运行的百兆瓦级压缩空气储能电站技术性能对比见表 5 - 7。

表 5 - 7　全球商业化运行的百兆瓦级压缩空气储能电站技术性能对比

项目名称	运行开始时间	建设规模/MW	技术规模	系统效率/%
德国 Huntorf 电站	1978 年	290	带有燃烧室和洞穴储气室的传统压缩空气储能	42

续表

项目名称	运行开始时间	建设规模/MW	技术规模	系统效率/%
美国 Mcintosh 电站	1991 年	110	带有燃烧室和洞穴储气室的传统压缩空气储能	54
中国肥城国家示范盐穴压缩空气储能电站	2021 年	310	先进压缩空气储能	60
中国张北百兆瓦先进压缩空气储能技术	预计 2022 年	100	先进压缩空气储能	70

电磁储能技术。电磁储能主要包括超级电容器储能、超导磁储能等技术路线。其中，2021 年超级电容器储能、超导磁储能技术的全球新增发明专利数量分别为 45 件与 2 件，反映出当前行业企业在电磁储能领域更加关注发展超级电容器储能技术。**超级电容器储能方面**，目前行业领先企业的研究主要聚焦于解决能量密度不高、极端条件下可靠性不佳等问题。2021 年 GMCC 公司成功研发出第二代混合超级电容器并完成量产测试，具有两大突出亮点：一是突破了传统超级电容器能量密度不高的技术瓶颈，能量密度可达到 80～160Wh/kg；二是具备极佳的低温充放电能力和安全性，在-35℃下能够 10C 放电。该项创新技术目前已中标德国某新建 50MW 调频项目，未来将有望在功率型储能场景中发挥更大作用。2021 年，国网江苏电力公司自主研发出新型变电站超级电容微储能装置，具有快速功率响应、主动抑制电网谐波、灵活调节无功、提高供电可靠性等功能，目前已在江北新区 110kV 虎桥变电站投运，从根本上避免了电压闪变现象的产生，并降低了谐波含量 15.6%。2021 年全球各类电磁储能技术的新增发明专利数量见图 5-13。GMCC 公司第二代混合超级电容器特征见表 5-8。

图 5-13　2021 年全球各类电磁储能技术的新增发明专利数量

表 5 - 8　　GMCC 公司第二代混合超级电容器特征

产品型号	技术性能	应用场景
• C46W - 4R2 - 0004 • C46W - 4R2 - 0006 • C60W - 4R2 - 0020	• 专有设计 • 全极耳全激光硬连接 • 功率密度大于 10W/kg • - 30 - 50℃可充放电 • 循环寿命大于 5 万次 • 电池直径：46～60mm • 电池容量：4Ah、6Ah、20Ah	• 电力储能 • 电动汽车 • 12V 启动/启停和辅助电源 • 48V 微混以及高压混合动力 HEV

热储能技术。按照储热材料的能量利用方式划分，热储能可分为显热储能、潜热储能与热化学储能三类技术路线。其中，显热储能由于可同时兼顾效率与经济性，成为当下的市场主流技术路线，2021 年全球新增发明专利数量为 48 件，大幅领先另外两类热储能技术。显热储能技术中，**熔盐储热技术**因为具有高热稳定性、高比热容、高对流传热系数、低成本等突出优势，当前已成为行业领先企业的重点发展方向。2022 年山西常晟新能源科技公司对现有熔盐材料制造工艺进行了改进，采用多元纳米合成熔盐的创新技术，开发出“下一代”熔盐储能新材料产品，与常见同类型技术产品相比，熔点温度与生产成本可分别降低 80～100℃、800～1200 元/t，有效增强了熔盐储热技术的市场竞争力。2021 年丹麦 Seaborg 公司开发出一种作用于熔盐接触面材料的腐蚀控制技术，并利用该项创新技术突破性地设计出基于氢氧化钠的熔盐储能解决方案，成本相较目前常见的熔盐材料可降低约 90%，具有广阔市场前景。2021 年全球各类热储能技术的新增发明专利数量见图 5 - 14。

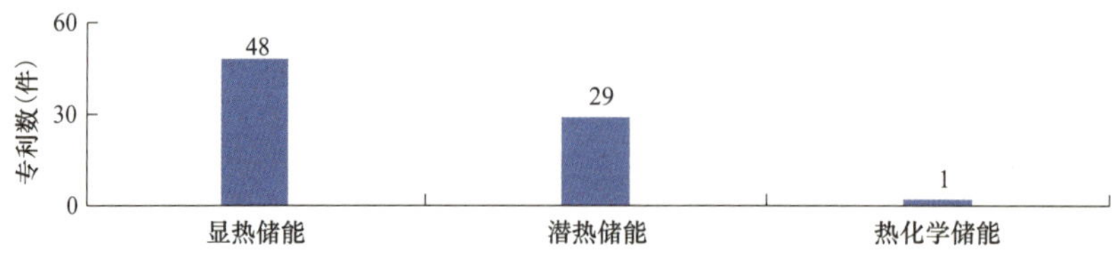

图 5 - 14　2021 年全球各类热储能技术的新增发明专利数量

5.4　能源服务企业商业模式创新发展动态

能源服务的发展重心从时间演化的过程上看，可分为**节能服务、电能辅助服务和新型综合能源服务三个阶段**。当前，随着碳中和目标成为全球共识，全社会降碳减排需求日益迫切，传统功能单一化的能源服务形态已无法覆盖终端用户日渐多元化的能源生产与消费需要，综合能源服务模式由此应运而生。综合能源服务一般可描述为面向能源系统终端，以满足客户需求为导向，通过能源品种组合或系统集成、能源技术或商业模式创新等方式，使客户收益或满足感得到提升的行为。近年来，综合能源服务商的创新实践主要集中在**节能工程投资建设服务、电力新零售服务、新能源设备销售服务、电力需求侧响应服务等业务板块**，本节将对其中具有代表性的企业创新案例进行介绍。

5.4.1　节能工程投资建设服务

节能工程投资建设服务主要有合同能源管理、BOOT、BOO 等商业模式。中国节能协会的数据显示，截至 2019 年底，全国共有 6547 家能源服务企业具备节能业务，其中，开展合同能源管理商业模式的企业数量占企业总数的比重最高，为 53%，反映出合同能源管理是目前应用最为广泛的节能服务商业模式。按照能源服务商获利形式的不同，合同能源管理可进一步细分成节能效益分享型、能源费用托管型、节能量保证型三种主要类型。2019 年节能服务商业模式开展情况见图 5 - 15。

节能效益分享型合同能源管理模式。节能效益分享型模式可表述为能源服务公司投资建设节能设备后，与客户按一定比例分享节能效益。2021 年南方电网综合能源股份有限公司采用节能效益分享型合同能源管理模式，成功对广州国际银行中心的中央空调系统进行了节能改造。该节能改造项目中，节能效益分享期设定为 10 年，在效益分享期内，节能设备所有权及运

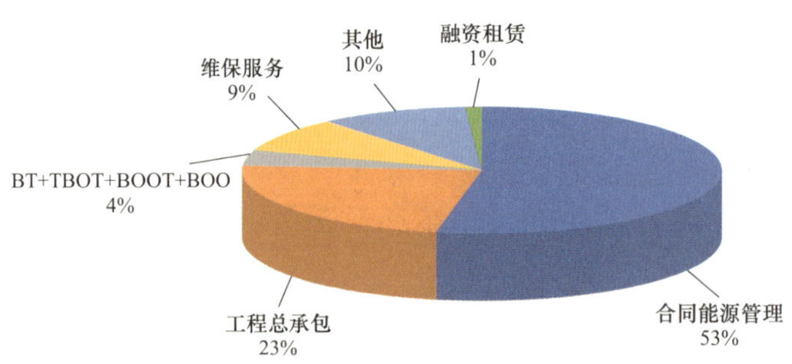

图5-15 2019年节能服务商业模式开展情况

营维护费用由南网能源公司负责，每年南网能源公司可向广州国际银行中心收取部分先期固定投资费用、运维费用及97.57%的年节能效益；在效益分享期满后，节能设备所有权将转还给广州国际银行中心，同时运营维护也由广州国际银行中心负责。通过实施该项目，广州国际银行中心中央空调冷源系统的能效值由2.1大幅提升至5.3，预计每年将至少节省146.4万kW·h电量并带来直接节能效益111.1万元，将加快推动广州国际银行中心发展成为国内绿色、高效的标杆典范。2022年国网（天津）综合能源服务有限公司与天津港航桩业有限公司签署了分布式光伏发电项目协议，将采用节能效益分享型合同能源管理模式，建设安装一套容量为1598.4kWp的分布式光伏发电系统与用能运维监测平台，帮助用户实现“自发自用，余电上网”及用电、发电情况的科学管控，该项目建成后每年可为用户节约用能成本20余万元，将有效促进光伏建筑一体化和绿色厂区的发展。

能源费用托管型合同能源管理模式。能源费用托管型可表述为能源服务公司投资并建设节能设备后，受用能客户委托进行运行维护，并按照合同约定收取运维费用。2020年中广核新能源综合能源服务（深圳）有限公司（以下简称为“中广核综能公司”）采用能源费用托管型合同能源管理模式开展了威海市文登区区委办公大楼清洁能源服务综合智慧能源项目。协议双方约定该项目的托管服务期为15年，节能工程建设期间，节能改造工程的全部投入由中广核综能公司先期提供，客户无需投入资金；托管服务期间，中广核综能公司拥有节能设备的所有权，将负责项目的运行和管理，并按季度向威海市文登区委收取一定数额的运行服务费用；节能服务期满，节能设备将全部移交给威海市文登区委。通过实施该项目，文登区区委办公大楼每年可节省用电 60.11 万 kWh，减少二氧化碳排放 599t，经济及环境效益显著。2020 年北京煦联得节能科技股份有限公司采用能源费用托管型合同能源管理模式为成都新希望高新皇冠假日酒店提供了中央空调系统优化及热回收改造、太阳能集热综合利用、LED 照明改造节能等方面的服务，与节能项目实施前相比，电、燃气的综合用能效率分别提高了 22%、35%，每年可节约电能 194.62 万 kWh，节约燃气 47.71 万 m^3，显著降低了企业用能成本。

节能量保证型合同能源管理模式。节能量保证型模式可表述为在能源服务商与用能客户约定节能项目节能量后，由能源服务商进行节能改造投资，根据实际节能情况是否满足商定节能量，决定能源服务商的回报费用。2018 年易科智控科技有限公司应用节能量保证型合同能源管理模式开展了烟台机场暖通空调系统运行节能优化改造项目。该项目中，易科智控科技公司使用搭载了水力平衡调试、气流组织改善、运行策略优化和分时分区供热等节能模块的易科智能专家系统对烟台机场的暖通空调系统进行管控，2019 年制冷季的节能率高达 34.5%，2019—2020 年供暖季的节能率达到 18.44%，帮助烟台机场显著改善了能效情况。

5.4.2 电力新零售服务

能源服务商在开展电力零售服务时，传统“先用电，后收费”的“计收制”模式容易出现用户违约，并继而造成能源服务企业出现资金缺口，存在较大财务风险。为解决这一痛点，近年来能源服务商一方面重视发展融合“电费金融”的“计收制”商业模式，另一方面开始探索发展“预付制”商业模式取代传统“计收制”模式。“预付制”商业模式见图 5-16。

融合“电费金融”的“计收制”商业模式。该新型商业模式可表述为在

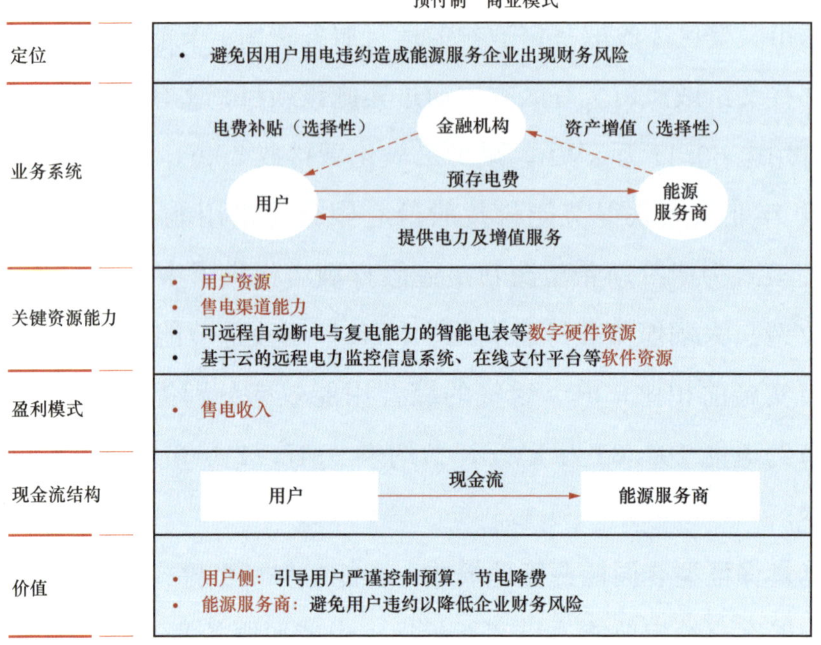

图5-16 "预付制"商业模式

"计收制"模式下，能源服务商联合金融机构为用电用户缴纳电费提供资金支持，当前正受到电力行业的高度关注。国家电网公司从2019年起，先后推出"电e贷""电e票""电e盈"等新型服务模式，以满足企业电费融资需求。其中，"电e贷"指国网为满足中小微企业电费交纳的短期融资需求，联合优质金融机构共同为企业提供低成本电费融资服务；"电e票"指国网帮助企业进行电子银行承兑汇票贴现，允许企业将所得资金定向用于交纳电费；"电e盈"指国网联合优质金融机构共同为用电企业提供"电费增值+智能交费"创新服务，帮助企业降低电费交纳的综合成本。目前，由于新冠病毒肺炎疫情反复冲击导致实体经济普遍承压，国网正在加快推进"电e贷"系列商业模式开展。例如，2022年国网杭州市萧山区供电公司联合建设银行、工商银行、平安银行等5家银行为杭州麦兴机械有限公司提供了"电e贷"服务，帮助企业获得了60万元的低息贷款，解决了电费缴纳难题。此外，2022年融合"电费金融"的"计收制"商业模式还出现了新的创新发展。2022年国网徐州供电公司联合国网数字科技、国网汇通金财、

交通银行徐州分行等机构，突破性地推出“电费国内证”新型商业模式。新型商业模式以国内证结算为基础，通过办理“福费延”，可为用电企业缴纳电费提供低成本融资，并允许其分期还款，可有效延长企业电费缴纳周期，缓解企业在“计收制”情形下的资金周转压力，并避免电力企业因用电企业逾期缴费出现财务风险。目前，国网徐州供电公司已应用该新型模式解决了徐州金虹钢铁集团有限公司 1800 万元的电费资金需求，为实体经济发展注入了活力。

“预付制”商业模式。“预付制”商业模式可表述为能源服务商要求用户预先存入电力费用以获取对应金额的电力额度，当电力余额不足时综合能源服务商将通过联网远程监控系统或能源设备内的 SIM 卡切断电力供应。近年来，“预付制”商业模式在国内外已得到快速发展。**国外方面**，2018 年尼日利亚电力巨头 IKEJA 公司宣布将在其电网中安装内置华为 PLC - IoT 通信模块的单相及三相智能电表以开辟“预付制”商业模式，IKEJA 公司预计该项变革可显著减少欠费和篡改用电情况，并缩短资金回笼周期，增加企业经济效益；2020 年沙特电力公司宣布将与中国国家电网集团合作，在新安装 1000 万个智能电表的基础上推进“预付制”商业模式开展，消费者在该模式下可通过各种电子在线支付方式预购电力。**国内方面**，2020 年国网宁海县供电公司对“预付制”商业模式进行了拓展，在国网内首次推出“预存电费享权益”新型服务模式。该新型模式通过运用“区块链＋电力大数据”分析技术，可为低压用户推荐与其用电习惯相匹配的年度预缴电费套餐档位，待用户预缴电费后，国网宁海县供电公司将预缴电费存入特定银行账户，并将银行收益作为电费补贴返还用户，能够显著增强“预付制”商业模式的用户基础。2022 年南方电网贵州电网公司在南网范围内率先打破传统“计收制”用电模式，正式上线运行基于“预付制”模式的“智能交费系统”，具有三大突出亮点：一是在电网领域首次应用实现了日电费结算，不仅有效提升电费回收率，营造了良好交费生态，还通过“预收转实收”方式合理拓展了电网企业的资金渠道；二是实施了差异化电费管控，在建立信用评价标准的基础上，对信用评价等级为C级的用户全部采用智能交费技术，实现了预购电管理；三是运用“互联网＋”思维和远程停复电技术全面实现了远程停复电，提高了停复电效率，并极大改善了用户体验。

5.4.3 新能源设备销售服务

新能源设备销售服务的传统商业模式为用户使用自有资金一次性买断设备所有权，资金门槛较高，难以在经济欠发达地区推行。为此，部分能源服务商近年来开始探索发展“新能源设备＋金融”新型模式，以进一步开拓业务市场。“新能源设备＋金融”商业模式与传统能源设备销售模式的对比见图5-17。

	传统能源设备销售模式	“新能源设备+金融”商业模式
定位	• 面向各类客户群体的销售服务	• 重点拓展经济欠发达地区/中低收入人群的新能源设备销售业务
业务系统	用户→能源服务商：一次性全款支付 能源服务商→用户：转移能源设备所有权	银行、经销商、能源服务商、潜在用户、用户 经销商→银行：连带担保 能源服务商→银行：贷款担保 银行→能源服务商：低息贷款 用户→银行：分期还款 能源服务商→潜在用户：评估 潜在用户→用户：筛选 用户→能源服务商：购买
关键资源能力	• 用户资源 • 营销能力 • 设备技术能力	• 用户资源 • 营销能力 • 设备技术能力 • 融资渠道资源 • 客户信用评估能力
盈利模式	• 新能源设备销售收入	• 新能源设备销售收入
现金流结构	• 能源服务商：一次性现金收入	• 能源服务商：一次性现金收入
价值	• 用户侧：增加分布式能源设备的使用 • 输配电侧：节省输配电基础设施建设投资 • 能源服务商：增加企业营收	• 用户侧：降低家庭用电压力并大幅促进分布式能源设备的使用 • 输配电侧：大幅节省输配电基础设施投资 • 能源服务商：大幅提升销售情况业务以增加盈利

图5-17 “新能源设备＋金融”商业模式与传统能源设备销售模式的对比

“新能源设备＋金融”商业模式。“新能源设备＋金融”商业模式可表述为能源服务商联合金融机构为家庭用户购买新能源发电设备提供融资便利，并允许其以低成本、小额、长线分期的方式还款。目前，国内外众多能源服务商已经开始进行该新型商业模式的探索。**国外方面**，美国能源初创企业Angaza将其业务聚焦于为贫困地区提供能源解决方案，在利用大数据技术

获取业务地区海量潜在客户个人信息的基础上，构建贷款评估与追踪框架，筛选出低违约风险的潜在客户，再通过与金融机构合作，为这类用户提供能源设备分期购买服务。**国内方面**，众多头部光伏企业在 2022 年加快推进“新能源设备＋金融”商业模式开展。晶科公司推出了包含销售模块和合作开发两大模块的“晶能宝”新业务以满足终端家庭用户用电需要，在销售板块下，晶科公司可为用户购买光伏设备提供融资支持，并在用户购买后继续提供系统勘测、设计、安装和运营维护等配套服务。隆基公司为拓展其家用分布式光伏业务的规模，与银行、经销商开展“光伏贷”业务合作，推出了“隆基向日葵”解决方案，由银行为符合贷款条件的用户购买公司光伏发电设备提供贷款，隆基公司按照借款人融资总金额的一定比例向银行缴存保证金，经销商为用户的贷款提供连带责任担保。该模式具有两大突出亮点：一是充分考虑区域之间的还款能力差异，将分期还款期限设定为 10～15 年；二是将融资利率控制在 5%以内，低于同类解决方案的平均值，进一步降低了用户负担。此外，晶澳太阳能公司也基于“新能源设备＋金融”商业模式推出了“晶贷宝”服务，可通过为终端家庭用户提供融资担保，支持用户以分期支付的方式购买光伏发电设备。

5.4.4　电力需求侧响应服务

传统的电力需求侧响应并不涉及综合能源服务商，运行模式为大中型工商业用户直接对输配电企业在平台上发布的需求响应邀约进行答复，并在响应结束后依据平台评估获取补偿收入。这种模式的局限性在于未能充分将居民部门与小微工商企业纳入响应范围，导致实际的稳网效果还存在进一步提升的空间。能源服务领先企业商瞄准这一痛点积极开拓新业态，在近年发展出可整合零散、小规模电能用户参与电力需求侧响应的“负荷聚合商”新型商业模式。“负荷聚合商”商业模式与传统需求侧响应商业模式对比见图 5 - 18。

“负荷聚合商”商业模式。“负荷聚合商”商业模式可表述为能源服务商

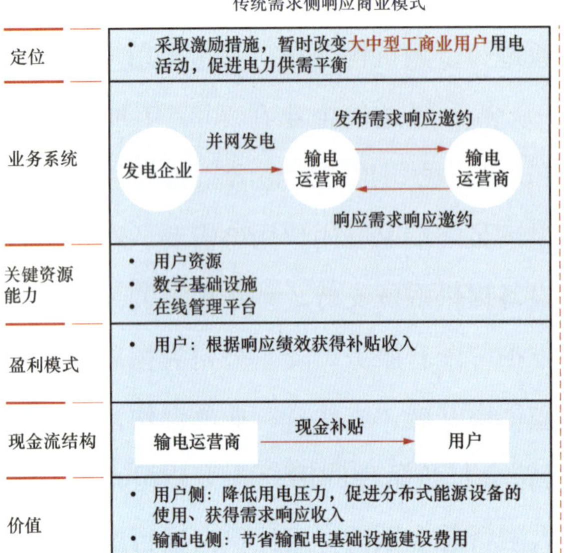

图 5-18 “负荷聚合商”商业模式与传统需求侧响应商业模式对比

作为中介机构整合中小型需求响应资源并代理参与需求响应容量，配合电力部门进行“削峰填谷”。国内外综合能源服务商当前已逐步将该创新商业模式进行实际应用，取得了较好的经济与社会效益。**国外方面**，德国能源服务商 Next Kraftwerke 公司正在依托其自身开发的模块化能源控制系统 NEMOCS 开展“负荷聚合商”商业模式，聚合单元的信息、电力市场信息、输配电公司响应信息可通过 M2M 通信实时汇集于 NEMOCS 系统中，NEMOCS 系统在对海量数据进行处理、分析后，最终向各聚合单元单独输出特定的操作命令以进行用电量的调节。**国内方面**，2020 年底南方电网开始在深圳进行“负荷聚合商”商业模式的试点探索，与日立 ABB 电网公司合作开发出占地面积不足 $1m^3$ 的调控平台系统，并在依托该系统将不同类型的分布式电源、可控负荷（楼宇、电动汽车等）及储能聚合在同一平台进行在线自动化协同调控的基础上，进一步结合先进的通信、计算、调度和市场手段，成功促进深圳及周边区域可再生能源的并网及消纳，目前已实现对超过 20MW 规模的分布式能源供用电进行管控，最终将服务约 1000 名电网供用电用户，将有效支撑城市电力供需平衡。2022 年国网丽水综合能源公

司在浙江省内首次提出“一键互动式”负荷聚合商响应模式，具有两大亮点：一是运用了线上交互、遥测遥控、柔性响应等数字化手段聚合用户参与需求响应，并实现了需求响应报量、报价、出清、结算等 4 个主要环节的全面自动化；二是依托国网浙江综合能源公司研发的“智慧虚拟电厂运行管理平台”对用户在响应时段内的负荷情况进行密切跟踪，并配备专属客户经理对接和直接指导协议用户负荷调控的全过程，可实现与严重偏离申报容量的客户进行及时沟通，确保了用户响应效果处于最优区间，显著提升了用户的补贴收入。Next Kraftwerke 公司“负荷聚合商”商业模式的业务系统见图 5-19。

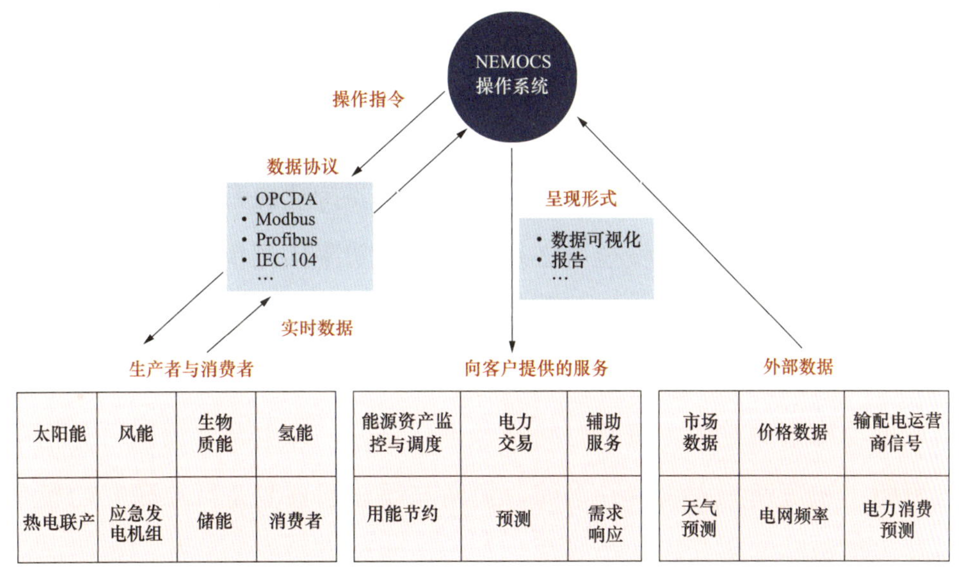

图 5-19　Next Kraftwerke 公司“负荷聚合商”商业模式的业务系统

5.5　能源系统数字化智能化企业创新发展动态

新型电力系统中，“源—网—储—荷”各个环节相互耦合，使得电力系统的分析方式正在由过去的孤立分析方式向各个环节的协同分析方式进行转变。要打通“源—网—储—荷”各个环节，构建电网协同分析体系，就必须将数据要素作为生产要素核心，推进电能、风能、太阳能等多种能量流和数据信息流的深度融合。数据融合重要性的不断提升带来日益增长的电网数字化技术发展需要。一般而言，新型电力系统中的数据融合主要包括数据采集、数据处理、数据应用三个关键步骤。其中，**数据采集需求**将催生发电侧智能传感器、可再生能源发电功率预测等技术的发展动能；**数据处理需求**将催生输配电侧电力芯片、电力数字孪生等技术的发展动能；**数据应用需求**将催生售电侧电力区块链等技术的发展动能。本节将按照数据融合视角下数据采集、数据分析、数据应用的功能类别对数字化技术进行划分，从中分别挑选具有代表性的新能源发电预测技术、电力数字孪生技术、电力区块链技术进行创新分析。

5.5.1 发电功率预测技术提升可再生能源利用效率

可再生能源发电具有随机性、波动性强的特点，当大规模接入电网时会对电力系统的安全稳定运行带来冲击。因此，要持续提升可再生能源电力的消纳水平并保障电力系统安全就必须提升发电功率预测精度。由于风电、光伏是当前最受关注的两类可再生能源发电方式，因此本节将对这二者的发电功率预测技术进行介绍。

风电功率预测技术。按照时间尺度进行划分，风电功率预测可分为中长期、短期、超短期三大领域。当前，**短期与超短期预测是行业研究的聚焦领域**，其传统预测方法为物理预测法，存在预测精度较低的缺陷，难以适应电网现代化发展需要。为此，行业领先企业愈发重视发展智能预测建模技术，并形成了基于机器学习与深度学习的预测方法。**国外方面**，2019年谷歌旗下的DeepMind公司提出了一款新型的基于机器学习方法的风电功率预测软件，可提前36h预测风电输出，目前已在谷歌运营的部分美国中部风电场中得到应用，谷歌预计该项技术创新可使其风能产生的“价值”提高20%。**国内方面**，2021年国网新疆电力将人工智能技术融入风电功率预测系统中，可根据新疆地形、风光资源、发电特性等方面的差异性，对小风天气、强风天气分别采用不同的预测策略以建立更加精细化的预测模型。经测算，运用该人工智能风电功率预测系统进行风电功率超短期、短期、中期预测的准确率分别为 96%、92%、81%，均超过国家标准，达到国内领先水平。2022 年金风科技将百余种算法进行整合得到优化算法，之后再利用千余座测风塔及万余台风电机组的测风数据对该优化算法进行反复训练以形成最优预测模型。该最优预测模型将风电功率预测精度由原有的 82%提高到 87%，在现行标准下，可为每座 10 万 kW 的风电场节省 90 万元的考核费用。

光伏功率预测技术。基于时间尺度进行划分，光伏功率预测可分为短期、超短期与分钟级三大领域。其中，**分钟级预测**由于面临更加剧烈的天气波动场景，因而相比短期、超短期预测，更难保证预测精确性，是当前行业领先企业的重点研究方向。2021 年，针对江苏省低压（380V 和 220V）分布式光伏发电出力通过用电信息采集系统采集，系统数据延时一般在 1h 以上，不能满足调度控制需要这一痛点问题，国网江苏电力公司在全国率先自主研发并建成了 10kV 以下低压分布式光伏分钟级发电预测系统，目前已在江苏电力调度控制中心调控云平台上线运行。该光伏功率预测系统可在不增加任何采集设备的前提下，充分挖掘现有采集数据价值，实现高精度光伏发电功率分钟级预测，准确率达 92%以上，有效保障了全省电网的安全运行，并加强了对分布式光伏发电的调控能力。

5.5.2　电力数字孪生技术将彻底变革电网运营管理模式

传统利用电力系统软件仿真进行状态评估的方法由于无法同时满足求解速度和求解精度最优，且难以实现实时状态评估，因此在实际工作中的应用效果仍然有待提升。为提升输配电系统运行状态监测能力，需要引入更高维度数据空间的电力数字孪生技术来对系统内各环节的状态量进行映射及表征。

为进一步提升电力数字孪生技术在输配电设备的智能控制与智能运维、配电网故障诊断、变电站智能巡检等场景中的商业部署规模，行业领先企业全面推进数字孪生架构中基础支撑层、数据互动层、建模仿真层、功能应用层四方面的研究，创新成果显著。**国外方面**，2021 年日立 ABB 电网公司推出了主要面向高压直流换流站场景的 IdentiQ™ 数字孪生解决方案，该方案包含一个涵盖全部资产的 3D 交互式可视化系统，通过将所有信息聚合到一个数字化站点，可支持客户的所有运营职能部门一键访问相关场站和设备中的实时运行数据以及设备资产的变化信息，能够显著提升客户管理电网的效率与可靠性。**国内方面**，2021 年中国电力科学研究院开发出新型变电数字孪生平台，可结合图像、点云缺陷识别算法与实时变电设备状态仿真，为设备管理提供智能化解决方案。该孪生平台的可见光算法模块在 27 类可见光缺陷场景下的设备状态识别平均准确率达到 88.2%，红外可见光融合诊断算法模块对红外图像背景的平均识别准确率达到 90.1%，均已满足工程实际部署要求，目前已分别在重庆 110kV 兰家沱变电站、±1100kV 古泉换流站得到试点应用。2022 年国网河北电科院成功构建了数字孪生电网全场景仿真验证平台，该平台目前搭建了虚拟与现实交互融合的数据底座，具备激光点云、倾斜摄影、可视化三维建模等空间数据采集与处理能力，未来还将在现有平台架构上，进一步完善出人工智能算法模块、仿真推演模块，最终形成数字建模、算法驱动、仿真推演、智能决策、执行控制一体化的仿真验证能力，为上层应用提供技术赋能与统一开发服务。日立 ABB 公司 IdentiQ™ 数字孪生解决方案见表 5 - 9。

表 5 - 9　　日立 ABB 公司 IdentiQ™ 数字孪生解决方案

IdentiQ™ 模块	模块特征表述	基础版	专业版	专业升级版
空间查看器	可视化电网资产的 3D 模型；将 2D 设备资产绘图转换为 3D 模型	·	·	·
动态文档	上传、管理与存储所有设备资产相关的数据	·	·	·
进度计划	将工作计划与设备资产进行关联、编组，并实时追踪、可视化实施情况	·	·	·
电网资产管理	从 CAD 模型中直接获取 BIM 数据；利用 QR 技术在几秒内获取资产数据	·	·	·

续表

IdentiQ™ 模块	模块特征表述	基础版	专业版	专业升级版
HSE	高亮显示设备资产 3D、2D 模型中的关键区域	·	·	·
训练	展示各设备资产的在不同调试下的结构情况	·	·	·
MACH™ 信息管理系统与可视化	收集、存储系统数据进行深度分析		·	·
工况监控	使用 TFRs 等高性能算法实时监控设备资产运行表现情况		·	·
高级工况监控	资产监控能力进一步升级，并基于监控信息提供深度分析			·
高级进度计划	利用物联网集成技术强化调度能力			·

易于实施与使用	通过 24/7 快速响应提供支撑与安全	改善决策的智能技术	定制化可拓展方案
·操作仪表板对用户友好	·全天候远程支持，网络高度加密	·采用 AR、VR 可视化技术	·提供增值解决方案生态系统

5.5.3　电力区块链技术有助于降低电力交易成本

全球电力交易市场正处于交易主体、交易总量急剧增长的蓬勃发展期，传统交易模式由于存在中心化严重、智能合约准入审批效率低下等局限性，已无法适应新发展形势的需要。针对上述问题，电力市场交易领域近年来愈发重视发展区块链技术，并逐步形成了包含满足电力交易的数据层、网络层、共识机制、智能合约四部分的基于区块链的电力交易系统架构。

为进一步拓展区块链技术在各类型电力交易场景中的部署，行业领先企业正在持续推进融合电力特征的区块链技术创新。**国外方面**，2020 年标普全球普氏公司与荷兰鹿特丹区块链实验室合作开发出以区块链分布式账簿技术和人工智能技术为支撑的 Distro 电力交易平台，是全球首个高频分布式能源交易平台。Distro 电力交易平台建立了一个 48h 周期的期货市场，可即时响应电力供需变化和当地实时能源价格，进而优化供电侧资源配置，以保证高度精准地满足消费者需求。投入运行后，Distro电力交易平台终端用户的能源成本降低了11%，可再生能源生产商的收入增长了14%，并有望带来总计3000万吨的碳减排。**国内方面**，2020年国网甘肃电力交易中心构建出基于区块链的电力交易溯源取证平台，并形成了国内首个以“区块链+电力交易”为主题的授权软件著作权。该电力交易溯源取证平台以区块链为核心技术，融合身份认证、智能合约、非对称加密等技术手段，通过将注册用户信息审核结果、结算单、市场承诺书、交易公告、交易结果、电子合同等重要数据上链存证，并进行数据真实性校验，确保电力交易业务数据的真实、可信，极大增强了交易主体间的内生动力。2020年国网宁夏电力公司成功突破了链上链下高效协同的技术瓶颈，破解了电网侧与负荷侧信息交互壁垒和难以协同互动的行业难题，成功研发出国内首台融合区块链与边缘计算为一体的区块链一体机，有力保障了负荷侧资源辅助服务市场交易的真实可信。该新型“区块链+边缘计算”一体机具有三大突出亮点：一是采用了“松耦合”的设计原则，具有超低耗能、体积小、装卸便捷的优越性，可部署在“源—网—荷—储”中的多环节，实现多用户、多市场主体间的赋信；二是可适应户外多种恶劣天气状况，稳定性与可靠性出众；三是能够满足图像识别、视频检测、语音识别等人工智能需求，并实现云、边、端协同计算。

5.6 小结与展望

在能源绿色低碳转型和数字革命双重驱动下，当前全球能源科技创新正日益加快，能源电力领先企业的科技创新活动呈现出新的特征。一方面，以提升电网灵活性与可靠性为目标驱动，加大了对先进可再生能源发电、高比例可再生能源友好并网、新型储能等可再生能源和新型电力系统技术的研发重视程度；另一方面，愈发重视信息新技术与传统能源技术的深度交叉融

合，积极探索具有设备智能、多能协同、信息对称、供需分散、系统扁平、交易开放等特征的智慧能源新技术、新模式、新业态。

中国能源电力企业顺应全球能源科技发展趋势，持续加大对能源科技的研发力度，目前已取得重要阶段性进展。其中，在可再生能源技术方面，风电、光伏技术总体处于国际先进水平；在新型电力系统技术方面，柔性直流输电技术已处于世界领先地位，主流储能技术也总体达到世界先进水平。然而，与全球能源电力领先企业相比，我国能源电力企业当前在关键零部件、专用软件、关键材料等核心要素上的自主研发能力较弱，技术短板问题仍然突出。

中国能源电力企业应当明确企业的创新主体地位，通过加强产学研深度协作、加大企业研发投入力度等方式突破电力产业链各环节的关键核心技术瓶颈。其中，发电环节应加大对海上风电、晶硅光伏、氢燃气轮机发电的研发重视力度，重点发展 HJT、TOPCon 等新型太阳能电池技术、漂浮式海上风电技术、高燃氢能力燃烧技术等未来技术方向；输配电环节应重视并网与储能技术发展，重点推进光大功率、高效率伏逆变器，柔性直流输电，新型储能等前沿技术的攻关，创新“储能即服务”商业模式；售电及用电环节应持续推动能源服务形态向综合能源服务转型，在节能工程投资建设服务、电力新零售服务、新能源设备销售服务、电力需求侧响应服务等主要业务板块积极探索实施合同能源管理、“预付制”“新能源设备＋金融”“负荷聚合商”等新型商业模式。

附录　报告数据选择依据与来源说明

1. 全球代表性创新榜单分析

全球代表性创新榜单按研究维度可分为国家、区域与企业三个层面。其中，国家层面创新榜单以世界知识产权组织发布的《全球创新指数（GII）》、欧盟委员会发布的《欧洲创新记分牌》、世界经济论坛发布的《全球竞争力报告》以及彭博社编制的《彭博创新指数》等为代表，旨在通过创新指标体系构建，衡量全球主要经济体的创新能力表现，进而对全球创新格局及其变化趋势进行研判。区域层面代表性的创新榜单包括由英国智库 Z/Yen 集团和中国（深圳）综合开发研究院共同编制的《全球金融中心指数》、全球知名调查机构 Startup Genome 发布的《全球创业生态系统报告》、美国 Milken 研究所的《美国各州的科学技术指数》以及 GII 报告对全球创新集群的研究，评价指标体系更加关注创新生态环境的构建与科技集群的演化。企业层面的创新榜单包括欧盟委员会发布的《欧盟工业企业研发投入记分牌》、科睿唯安（Clarivate）发布的《全球创新百强》、波士顿咨询公司（BCG）发布的《全球最具创新力企业 50 强》、普华永道思略特发布的《全球创新 1000 强报告》与南方电网发布的《南网科技创新指数》等，落脚企业创新行为，以追踪全球创新的前沿动态。

2. 创新榜单筛选原则

全球各大创新榜单围绕不同评价主体，基于数据的可获得性与评价体系的合理性，从不同视角构建评价的方法体系。根据榜单的延续性、覆盖的范围、数据的权威性及与研究主题的契合度等原则，本报告对创新榜单进行综合评估与筛选。

榜单的延续性是把握创新格局发展态势的基础。创新体系与创新能力的构建是长期创新实践与积累的结果，在短期内具有一定的稳定性，较长时间

的历史数据对把握创新演变趋势具有重大意义。本报告以创新格局的动态演变趋势作为重要分析视角，以把握全球创新格局、区域科技集群演变与企业在全球创新体系的地位，要求评价指标体系在较长一段时间的稳定性与评价结果在时间上的延续性，评价年份不足将影响分析结果。

覆盖的主体范围将影响研究结论的全面性。本报告立足全球视角研究创新发展格局，对数据覆盖范围要求较高，小范围的创新评估难以支撑核心结论。如《美国各州的科学技术指数》《欧洲创新记分牌》具有一定的地域性，对于本报告的支撑性相对有限。

数据来源的权威性决定了研究结论的科学性。本报告对数据来源的可靠性及评估结果在全球范围内的影响力具有较高要求，主要选取世界银行、国际货币基金组织、世界知识产权组织等权威机构的数据。

研究主题的契合度决定了榜单对研究结论的支撑性。本报告重点从国家视角、区域视角与企业视角三大维度剖析全球创新格局，分别从三大维度筛选契合度较高的创新榜单，同时结合世界知识产权组织、OECD、国家统计局等数据库资源，支撑研究主题。

3. 数据分析视角

本报告综合考虑数据的延续性、数据来源的权威性、评估对象的代表性与研究主题的契合度，选取 GII 报告以及《全球竞争力报告》《欧洲创新记分牌》《全球金融中心指数》《欧盟工业研发投资记分牌》《全球创业生态系统报告》《南网科技创新指数》等创新榜单，结合权威数据库资源，分别从国家视角、区域视角与企业视角剖析全球创新发展格局及其演变态势。在国家视角，重点选取 GII 报告作为数据支撑，同时结合《全球竞争力报告》、OECD 数据库、世界知识产权组织数据库、世界经济展望数据库、中国国家统计局数据库等权威数据资源，从截面与时间序列角度分析全球创新格局。在区域创新视角，重点选取 GII 报告、《全球金融中心指数》《全球创业生态系统报告》，从科技集群角度剖析区域创新生态发展路径。在企业创新视角，重点选取《欧盟工业企业研发投入记分牌》《欧洲创新记分牌》《南网科技创新指数》等，结合联合国数据库、OECD 数据库、欧盟委员会联合研究中心等数据资源，把握领先企业创新动态。

在企业创新模式分析上，充分挖掘企业年度报告数据，剖析领先企业创新模式。报告基础数据来源见附图 1。

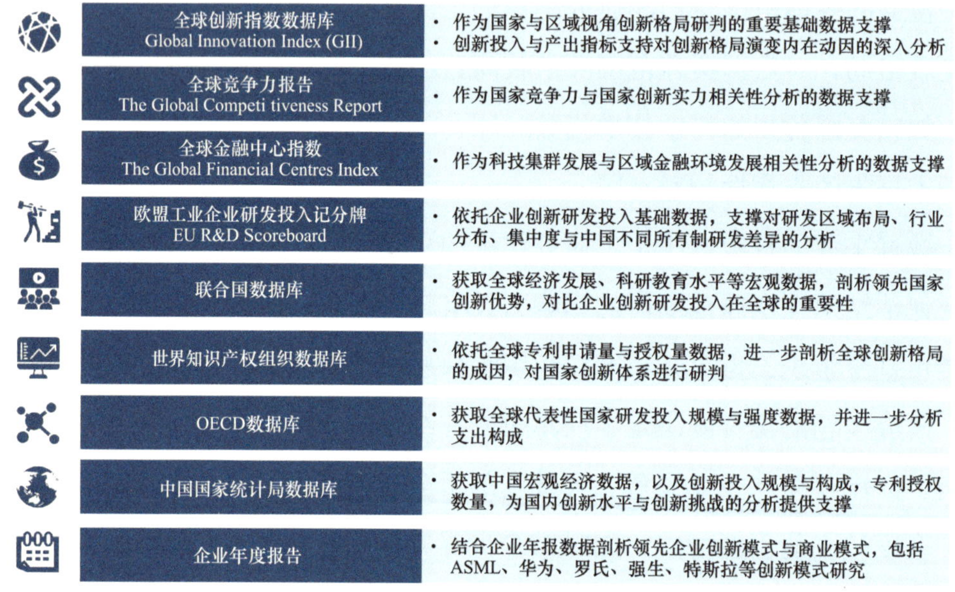

附图 1　报告主要数据来源

参 考 文 献

[1] 秦铮，周海球，刘仁厚. 后疫情时代全球科技创新趋势与建议 [J]. 全球科技经济瞭望，2021 (8)：15-19.

[2] 陈立新，张琳，黄颖. 中美欧日韩五局及 PCT 专利数据统计分析报告 [R]. 武汉大学科教管理与评价研究中心，2021.

[3] 蒋石梅，吕平，陈劲. 企业创新生态系统研究综述—基于核心企业的视角 [J]. 技术经济，2015，34 (7)：18-22.

[4] 钱勇. 如何强化企业科技创新主体能力建设 [N]. 学习时报，2021-02-03 (6).

[5] 魏炜，朱武祥. 发现商业模式 [M]. 机械工业出版社，2009.

[6] 李飘飘. 看罗氏如何在药品和诊断领域弄潮拨浪 [N]. 思宇研究院，2020-09-14.

[7] 谢欣. 医疗器械板块持续转型，强生 34 亿美元收购 Auris [N]. 界面新闻，2019-02-14.

[8] 孙炜. 未来三年定量展望——恒瑞医药深度报告 [R]. 招商证券，2021-10-18.

[9] 恒瑞医药：创新研发与合作引进双管齐下，加速海外属地临床团队建设 [N]. 界面新闻，2021-10-19.

[10] 特斯拉 (TSLA)：引领行业发展，剑指千万销量 [R]. 富途证券，2022-5-24.

[11] 尹福臣. 我国智能制造产业发展的四大趋势 [N]. 东滩智库，2022-06-21.

[12] 陈蓓. ABB 行业转型最新研究揭示数字化与可持续发展间重要关系 [J]. 电气时代，2022.

[13] 贺德方，周华东，陈涛. 我国科技创新政策体系建设主要进展及对政策方向的思考 [J]，科研管理，2020，41 (10)：81-88.

[14] 国务院国资委改革办，国务院国资委研究中心. “科改示范行动”案例集，[M]. 机械工业出版社，2021 (3)：12-13.

[15] 廖晓东. 从广东实践看“揭榜挂帅、赛马比才”模式 [J]. 科技中国，2021 (9)：15-19.

[16] 万芩，鹿欢，施振飞，王艺. 技术成熟度视角下航空科研项目分类管理研究 [J]. 教练机，2016 (2)：58-62.

[17] 王寿君. 鼓励国有企业建立双向开放式创新平台 [N]. 人民网，2021-03-10.

[18] 林伯强. 氢能是未来新能源系统的重要组成部分 [N]. 21 世纪经济报道，2022-03-30.

[19] 白旭. 海上风电的发展现状及关键技术 [J]. 船舶工程，2022，44 (2)：18-21.

[20] 田书耘，朱志劼，蒋俊，等. 氢燃料燃气轮机研发现状和最新技术进展 [J]. 能源研究与管理，2021，4 (9)：10 - 17.

[21] 张丽，陈硕翼. 光伏发电并网技术发展现状与趋势 [J]. 科技中国，2020 (2)：18 - 21.

[22] 邹常跃，韦嵘晖，冯俊杰，周月宾. 柔性直流输电发展现状及应用前景 [J]. 南方电网技术，2022，16 (3)：1 - 7.

[23] 陈海生，李泓，等. 2021 年中国储能技术研究进展 [J]. 储能科学与技术，2022，11 (3)：1052 - 1076.

[24] 张怡. 新能源风光发电预测技术的发展及应用 [J]. 浙江水利水电专科学校学报，2018，30 (001)：68 - 74.

[25] 刘亚东，陈思，丛子涵，等. 电力装备行业数字孪生关键技术与应用展望 [J]. 高电压技术，2021，47 (5)：1539 - 1554.

[26] 裴凤雀，崔锦瑞，董晨景，等. 区块链在分布式电力交易中的研究领域及现状分析 [J]. 中国电机工程学报，2021，41 (5)：1754 - 1771.

[27] 闫庆友，米乐乐. 综合能源服务商业模式分析——基于商业模式画布 [J]. 技术经济，2019 (5)：126 - 132.

[28] 代红才. 综合能源服务将成为支撑能源消费侧碳达峰、碳中和的重要抓手 [N]. 中国电力新闻网，2021 - 11 - 02.